그래도
우리는
떠납니다

그래도
우리는
떠납니다

ⓒ 생명의말씀사 2021

2021년 8월 25일 1판 1쇄 발행

펴낸이 | 김창영
펴낸곳 | 생명의말씀사

등록 | 1962. 1. 10. No.300-1962-1
주소 | 서울시 종로구 경희궁1길 6(03176)
전화 | 02)738-6555(본사) · 02)3159-7979(영업)
팩스 | 02)739-3824(본사) · 080-022-8585(영업)

지은이 | 이석진

기획편집 | 서정희, 김호경, 장주연
디자인 | 박소정
인쇄 | 영진문원
제본 | 정문바인텍

ISBN 978-89-04-16771-5(03230)

저작권자의 허락없이 이 책의 일부 또는 전체를
무단 복제, 전재, 발췌하면 저작권법에 의해 처벌을 받습니다.

**지진과
태풍을
쫓아가는
특별한 여행기**

그래도
우리는
떠납니다

이석진

contents

추천사 8
여행을 시작하며 12

1부. 어쩌다 _계획에 없던 여정에 오르다 16

"우리는 세상에 단 하나뿐인 여행을 한다. 이 여행은 생소한 동선과 일정으로 짜여진다.
호텔은커녕 텐트에서 자기 일쑤이고 안전도 보장받지 못해 체력적인 한계를 넘나든다.
그럼에도 불편함을 넘어 예수님의 마음을 가지고 위기에 처한 이웃을 섬기러 가는 여정이다."

말라위 은산제 18 / 필리핀 타클로반 46 / 이라크 바그다드 66 /
인도네시아 팔루 78 / 아이티 제레미 96 / 네팔 신두팔촉 108

2부. 때때로 _무모한 개척자가 되기도 한다 122

"어떻게든 길을 뚫기 위해 계속해서 올라갔다. 곳곳에 바윗돌과 흙이 무너져 있었다.
왼쪽은 산사태, 오른쪽은 갈라진 땅, 그 밑은 댐의 위험이 도사렸다.
여진이라도 발생하면 피할 데 없는 산길이었다.
언제나 그랬듯 길을 열어 주실 하나님만 의지하며 기도했다."

태국 방콕 124 / 일본 센다이 134 / 칠레 콘셉시온 158 /
아이티 포르토프랭스 168 / 중국 쓰촨성 188 / 미얀마 라부타 198

3부. 하지만 _역주행도 주행이다 214

"남들이 다 탈출하는 곳으로 우리만 거꾸로 들어서고 있었다.
세상 모든 사람이 외면할지라도 소외된 한 사람을 위해 오시는 예수님의 모습이 떠올랐다.
차를 타고 갈 수 없으면 배를 타고, 배를 타고 갈 수 없으면 헬기를 탔다.
군용 헬기로 산골을 누비며 구호품을 투하했다."

방글라데시 보리샬 216 / **인도네시아 욕야카르타** 228 / **파키스탄 바그** 240 /
미국 뉴올리언스 252 / **스리랑카 콜롬보** 260 / **이란 밤** 276

4부. 그래도 _곁을 채우면 공백이 줄어든다 288

"할 수 있는 말이 없었지만 그들과 그 시간을 함께했다.
늘 구호품을 가지고 현장에 갔으나 그것만이 힘이 되는 것은 아니었다.
오로지 그리스도의 위로와 사랑이 전달되길 바랐다."

경남 울산 290 / **경북 포항** 298 / **전남 진도** 304 /
충남 태안 310 / **강원도 인제** 318 / **북한 룡천** 322

다음 여행을 준비하며 328
한국기독교연합봉사단의 발자취 332

추천사

막힌 길을 넘고 닫힌 문을 열다

무모한 사랑. 한국기독교연합봉사단의 사역을 보면, 그 사랑이 얼마나 무모해 보이는지 모른다. 나는 조현삼 목사님, 이석진 목사님 등과 함께 아이티 지진과 아이티 허리케인 현장에 있었다. 모든 이들이 떠나는 재난 지역으로, 지진이 나고 여진으로 불안에 떠는 지역으로 들어가고 또 들어간다. 모두가 떠나려는 곳으로 온 힘을 다해 들어가서, 철저하게 재난당한 이들의 입장에서 그들의 삶을 일상으로 돌리려는 봉사단의 노력은 이 땅에서 도움받을 길 없는 한 사람을 위해 오신 예수님의 모습을 가장 닮은 것이리라. 이 책은 막힌 길을 넘고 닫힌 식량 공급 루트를 열며 스러지는 생명들에게, 소망의 불이 꺼진 땅에, 한국 기독교의 이름으로 전한 소망과 사랑의 빛에 대한 기록이다. 독자는 이 책에서 예수 그리스도의 무모해 보이는 사랑이, 어떻게 재난 현장에서 꽃으로 다시 피어나는지 목도하게 될 것이다.

_ 조항석, 목사 · 더 코너 인터내셔널 The Corner International 대표

두 번은 경험하고 싶지 않은 여정

　세상에 단 하나뿐인 여행. 책에 등장하는 이 문장은 한국기독교연합봉사단의 마음과 각오를 정확히 담고 있다. 경험자로서 솔직히 말하면 봉사단의 여행은 '두 번은 경험하고 싶지 않은(?) 여정'이다. 그럼에도 봉사단은 항상 떠난다. 세계 어느 지역에 재난이 발생했다는 뉴스를 보고 '혹시나' 싶어 연락하면, 봉사단은 '역시나' 공항 출국장에서 전화를 받는다. 예수님의 마음이 아니면 불가능한 여행의 기록이다. 항상 왼손도 모르게 활동하던 내용을 정리한 이 책이 기독교의 울타리를 넘어 한국 사회 전체에 큰 울림을 줄 것이라 믿는다.

_ 김한수, 조선일보 기자

지극히 작은 땅을 향한 하나님의 사랑

　재난 현장에서는 상상할 수 없는, 예측 불가능한 일들이 발생한다. 특히 이재민들을 위한 긴급 구호는 정확한 정보를 바탕으로 신속한 결정과 대응이 이루어져야 하기에 다수의 현장 경험이 필요하다. 한국기독교연합봉사단은 지금까지 한국 교회의 이름으로 세계 각 나라의 재난 현장에서 많은 위험을 감수하면서 지속적으로 그리스도의 사랑을 전해왔다. 머나먼 아프리카, 그중 지극히 작은 나라 말라위에서도 생명을 살리기 위한 한국 교회의 헌신은 어둠 속의 한 줄기 빛처럼 밝게 빛났다. 그 세세한 활동들이 이 책에 기록되었다. 따라서, '선교적 차원에서 긴급 구호를 이떻게 할 것인가'라는 주제에 관심이 있는 선교사들, 선교 NGO, 선교적 교회, 그리고 후원자들은 저자의 생생한 기록과 간증을 통해 그 해답을 얻을 수 있을 것이다.

_ 강원화, 아프리카 말라위 선교사

여행을 시작하며

그날은 주일이었다. 2010년 1월 17일. 한국기독교연합봉사단 긴급 구호팀이 1월 12일(한국 시간 13일) 아이티 대지진 소식을 듣고 당일(13일) 출발해 도미니카공화국에서 긴급 구호품을 구입해 트럭 3대에 싣고 15일 아이티로 향했다. 17일은 이 구호품을 나누기로 한 날이다. 우리 팀은 사전 답사를 통해 한 스타디움에서 구호품을 나누기로 했다.

이석진 목사는 한 팀을 이끌고 사전 준비를 위해 그곳으로 먼저 출발했다. 나는 구호품을 가득 실은 트럭 3대와 함께 그곳으로 가기로 했다. 아이티에 파견된 유엔평화유지군 소속 안정화지원단에서 군수 업무를 담당하고 있던 이선희(당시 43세) 소령의 노력으로 유엔평화유지군이 우리 구호팀을 호위해 주기로 했다.

우리 팀은 유엔평화유지군 소속 브라질군의 호위를 받으며 구호품을 나누기로 한 스타디움으로 향했다. 생각보다 멀었다. 한참을 가다 우리 일행이 지진으로 굶주려 성난 군중 속에 갇혔다. 지진으로 건물 대부분이 무너져 도로가 큰 광장같이 변해 버린 그곳에 족히 몇천 명은 모여 있었다. 정글 칼을 든 이들도 많았고 무기가 될 법한 것들을 다 손에 들고 있었다.

그 가운데 우리 일행이 고립된 것이다. 앞에는 기관총으로 무장한 브라질군 차량이 그다음에는 나와 우리 팀과 한국에서 온 취재진이 타고 있었다. 그 뒤로 구호품을 실은 트럭 3대가 멈춰 서 있었다. 차창 하나를 두고 굶주려 성난 이재민들과 대면한 것이다. 누구 하나라도 손에 들고 있던 정글 칼로 유리창 한 장이라도 깨는 순간 대형 사고로 이어질 수 있는 상황이다. 삶과 죽음이 유리창 한 장 사이였다.

눈을 뜬 상태로 간절히 하나님께 도움을 청했다. 취재진들도 카메라를 내려놓고 다 같이 숨을 죽이고 있었다. 금방이라도 발포할 것 같은 기세로 군중과 대치하던 브라질군 차량이 군중 사이를 열고 움직이기 시작했다. 긴장한 버스 기사도 브라질군 차량을 바싹 따라붙었다. 감사하게, 무사히 하나님이 우리를 그곳에서 건져 주셨다.

우리 일행을 실은 트럭은 드디어 스타디움에 도착했다. 스타디움으로 구호품을 실은 트럭 3대와 함께 들어갔는데, 선발대로 온 우리 팀이 보이지 않았다. 순간 스타디움에 피신해 있던 이재민들이 구호품 트럭으로 몰려들었다. 구호품을 다 나눌 때까지 호위해 주기로 한 브라질군은 스타디움에 도착한 후에 사라져 버렸다. 이선희 소령이 핸드폰으로 다급하게 호위를 요청했지만, 떠난 브라질군은 다시 돌아오지 않았다. 순간 이러다 사고가 날 수 있겠다는 생각이 들었다.

도미니카에서 구호팀에 합류한 도미니카 선교사들이 서둘러 현장을 벗어나야 한다고 다급하게 말했다. 나는 못 알아듣는 이재민들이 한 말을 선교사들은 알아듣고 한 말이다. 도미니카 선교사들이 이재민들을 붙잡고 설명하는 동안 우리 팀은 가까스로 그곳을 벗어날 수 있었다. 차를 어느 정도 빼놓은 상태로 대기하다 달려온 선교사들과 함께 치안이 보장되는 출발했던 곳으로 가까스로 철수했다.

당시 버스에 동승했던 취재진 중 한 명이었던 조선일보 박종세 기자는 조선노보 958호에 당시 상황을 "고립됐던 버스는 가까스로 빠져나왔지만 만약 그 안에서 조금 더 시간이 흘렀다면 누구도 알 수 없는 상황이 전개되었을 것이다."라고 적었다.

나중에 어찌 된 사정인지 알아보니, 우리 팀이 가서 기다린 스타디움과 브라질군이 우리 팀을 인도한 스타디움은 다른 곳이었다. 구호품을 나눌 장소를 유엔평화유지군에 전달하는 과정에 착오가 있었던 것이다.

아이티에서 이 경험을 한 후에도 우리 팀은 재난을 당한 이들이 있는 곳을 계속 찾아갔다. 가서 그들의 손을 잡고 그들과 함께 울며 그들을 먹고 마시게 했다. 재난 만난 이들에게 가서 너희도 이와 같이 하라고 하신 주님의 말씀이 우리로 이 여행을 계속하게 한다.

이 책은 여행 이야기다. 조금은 낯선 여행 이야기다. 이석진 목사는 이 여행을 직접 한 사람이다. 대부분의 여행에 그는 동행했다. 나중에는, 나는 진을 시키고 그기 팀을 이끌고 이 여행을 하기도 했다. 이 여행은 이석진 목사에게는 인생이다. 이석진 목사에게 이 여행 이야기를 쓰라고 했다. 이 목사에게 주는 인생 선물이다.

단장 조현삼

1부

어쩌다

계획에 없던 여정에 오르다

그래도 우리는 떠납니다

1
단 한 차례만 있는 동선,
말라위 은산제

불편함을 즐기다

2019년 4월, 모잠비크 해협에서 발생한 사이클론 이다이로 인해 아프리카 말라위가 심각한 피해를 입었다. 늘 뉴스를 관심 있게 지켜보지만, 사실 말라위에 사이클론 피해가 있었는지는 알지 못했다.

그러다 조현삼 목사님이 담임목사로 있는 서울광염교회 당회에서 이야기가 나왔다. 장로님들이 "말라위 지역에 큰 피해가 있다는 뉴스를 봤는데 봉사단이 출동해야 하지 않을까요?"라며 소식을 알려줬다. 재난 구호금의 대부분을 서울광염교회 재정으로 지원하면서도 한국 교회 전체를 등경 위에

놓기 위해 '한국기독교연합봉사단'이란 이름을 기쁘게 사용하는 장로님들이다. 이 땅에 일어나는 여러 재난과 도움이 필요한 지역, 사람들에게 관심을 가지고 사는 모습이 존경스럽다.

곧바로 현지에 있는 강원화 선교사님과 통화했다. 하지만 강 선교사님도 피해 당일 뉴스로 상황을 들었지만, 그 이후로는 소식이 별로 없어 현장 상황이 어떤지 잘 몰랐다. 강 선교사님이 현장에 가서 재난 상황을 살피고 연락을 주기로 했다. 그리고 며칠 후 강 선교사님에게 연락이 왔다. 현지에서 피해가 가장 심한 은산제 지역 소식이었다.

말라위 남부에 위치한 은산제는 1,942km²의 땅에 19만 4,000여 명이 사는 지역입니다. 해발 61m 저지대에 자리하며 쉬레계곡과 쉬레강으로 이루어져 있습니다. GDP(국내총생산)가 800$에 불과한 이곳은 말라위에서도 가장 가난한 동네이며, 가정 단위의 소규모 농업과 정부를 통한 원조에 의존합니다.

가장 낮은 지대에 속하다 보니 평소에도 우기(12월–3월)마다 홍수에 시달려 왔습니다. 하지만 이번 사이클론 이다이는 전무후무한 피해를 안겼습니다. 지난 3월 3일부터 7일까지 집중 호우가 계속돼 쉬레강이 범람했고, 말라위 전역에서 15개 도가 태풍 영향권에 있었습니다. 특히 은산제는 1만 6,000가구들이 집, 농지, 옷, 생활 물품 등을 잃었습니다.

은산제 재난 담당관인 마틴 치완다는 현재 5만 5,000여 명이 임시 수재민 캠프에 거주하고 있는데 점점 더 증가하는 추세라고 말합니다. 수재민 캠프라고 하지만 천막만 몇 개 있을 뿐 어떤 시설도 갖추지 못했습니

은산제는 자연의 변덕에 순응하며 사는 지역이다.
평소 땅에서 난 산물을 먹고 삶을 이어가기도 하지만
반복적으로 범람하는 강이 터전을 온통 삼키기도 한다.

다. 더 암울한 상황은 우기가 끝나는 4월 이후에도 수재민들이 돌아갈 곳과 먹을 식량이 없다는 것입니다. 은산제는 총 여섯 구역으로 나뉘는데, 도로와 교량이 사라진 탓에 많은 곳에 접근이 불가합니다. 그 때문에 생존에 필요한 생필품도 배와 헬리콥터로 운반하는 실정이며 캠프로 나올 수 없는 사람들도 많습니다.

강 선교사님이 보내 준 정보에 따라 긴급 구호팀을 꾸려서 떠나기로 했다. 긴급 구호를 떠날 때 팀원들과 함께 고백하는 말이 있다.

"우리는 세상에 단 하나뿐인 여행을 한다."

사실 모든 해외여행이 각 사람에게는 단 하나뿐일 것이다. 그런데 많은 경우 동선이나 일정 등은 비슷하다. 하지만 긴급 재난 구호는 이 땅에 단 한 차례만 있는 동선과 일정이고, 불편함을 즐기는 여행이다. 텐트에서 자야 하고 유럽 패키지여행보다 더 일찍 일어나 하루를 시작하고 새벽에 잠들기 일쑤다. 체력적인 한계를 넘나들어야 하고 예상치 못한 위기 상황도 자주 맞닥뜨린다. 그럼에도 이 불편함을 넘어 예수님의 마음을 가지고 어려운 상황에 빠진 이웃을 섬기러 가는 여정이다.

말라위의 수도는 릴롱궤이며, 은산제는 말라위의 최남단이다. 남쪽 끝에서 모잠비크와 국경을 이루고 있다. 아침 8시에 릴롱궤에서 출발해 오후 5시 30분 무렵 은산제에 도착했다. 비 때문에 끊긴 다리와 짚으로 얼기설기 쳐진 곳에서 햇빛을 피하고 있는 이재민들의 모습이 보였다. 원래 이들은 우기가 끝나는 4월이면 주식인 옥수수를 수확한다. 하지만 지금은 폭우에 모두 쓸려 간 옥수숫대만 눈에 들어왔다.

다음 날 아침 7시에 고립된 깐띠인다 마을로 향했다. 이곳은 먼저 보트를 탄 후 오토바이를 타고 들어가야 했다. 유엔식량농업기구에서 우리가 마을로 들어갈 수 있도록 보트를 준비해 줬다. 5인승 보트를 타고 홍수의 여파로 아직도 수량이 많은 강을 따라 40분을 달렸다. 우리가 강가를 지나자 악어들이 보트 소리에 놀라 강물로 뛰어들었다. 아프리카에서만 볼 수 있는 특별한 장면일 것 같았다. 보트에서 내리고 다시 오토바이로 30분을 달려 마을에 다다랐다.

강 동쪽에 자리한 이곳은 쉬레강이 범람하면서 온 마을이 완전히 침수됐다. 말라위는 강 서쪽이 주된 땅이라 동쪽 마을은 배로 건너가서 식량을 받아야 하는데 정부의 행정력이 여기까지 닿지 못했다. 깐띠인다 마을에 식량 공급이 신속히 필요해 보였다. 주민들은 이미 굶을 대로 굶고 있었다. 앞서 방문했던 강 선교사님이 군의 지원을 받아 구호품을 헬리콥터로 옮기기로 정한 상태였다. 헬리콥터가 아니고는 이 마을에 270여 가정이 먹을 수 있는 식량이 들어오기가 쉽지 않아 보였다.

그러나 약속했던 헬리콥터는 오지 않았다. 헬리콥터가 없으면 식량을 옮기기가 정말 난감했다. 이를 해결하기 위해서는 사람과 식량을 수용할 수 있는 배와 그것을 마을까지 옮길 차량이 필요했다. 마을 사람들의 굶주림을 해소하고 싶어 마을 대표와 상의를 했다. 주민들은 식량만 준비해 주면 일단 있는 배를 모두 활용해 육지까지 옮기고, 육지에서는 오토바이와 자전거 등 여러 수단을 동원해 며칠이 걸려도 가져가겠다고 했다. 그래서 우리는 다음 날 오전 11시에 보트가 출발했던 선착장에서 만나기로 했다.

다음 날 우리 팀은 선착장에 준비한 식량을 가지고 나갔다. 이런, 밤새 내린 비로 선착장이 사라졌다. 사실 말이 선착장이지 나무 판 두 개를 엮어 놓은 장소에 불과했

다. 만날 장소가 없어져 버렸다. 마을 사람들에게 연락을 취했지만 연결이 되지 않았다. 우리가 타고 갈 수 있는 배도 없었다. 2시간 정도를 기다리다가 다른 지역에도 식량을 나눠야 하기에 어쩔 수 없이 발을 뗐다. 그런데 냐치랜다 캠프에서 식량을 나누는 도중 연락이 왔다. 깐띠인다 마을 주민들이 왔다는 것이다. 현지인에게 부탁해서 급하게 식량을 실어 보냈다. 270여 가정이 한 달간 먹을 수 있는 식량이었다.

우리는 냐치랜다 캠프에서 700가정에 식량을 나눠 주었다. 전날 500가정에 나눈 것까지 포함하면 모두 1,400가정이 넘었다. 이들에게 한 가구당 옥수숫가루 10kg, 콩 5kg, 어린이용 영양식이라고 할 수 있는 리쿠니팔라 2kg을 전달했다. 식량을 받은 몇 사람을 붙들고 물었다. 대부분 2-3일 전에 마지막 식사를 했다고 말했다. 플로라 조세핀(여, 34세)은 자녀가 넷이다. 그녀

역시 이틀 전에 먹은 식사가 마지막이었다. 오늘도 먹을 식량이 전혀 없었다고 했다. 그런 이야기를 듣는데 마음이 먹먹했다. 플로라는 "최소 한 달은 식량 걱정이 없다."라고 말했다.

아이를 업은 엄마들, 할머니들과도 잠시 이야기를 나눴다. 식량을 받은 얼굴에 웃음이 가득했다. 질문을 건넨 모든 사람이 당장 내일 먹을 음식이 없었다. 이들에게 수해로 인해 집이 없는 것은 둘째 문제 같았다. 냐치랜다 캠프처럼 학교 건물 안에서도 임시로 잘 수는 있었다. 하지만 먹는 문제는 달랐다.

식량을 받아 가던 야나 콩(여, 19세)에게 물었다. "집에 음식은 있니?" 그러자 "여기 있잖아요."라며 우리가 나눠 준 식량을 가리켰다. 다섯 형제 중 셋째인 야나 콩은 가족 대표로 식량을 받으러 나왔다. 지금 나눠 준 음식 말고 무게에 대한 감각은 상대적이다.
십여 킬로그램에 달하는 식량을 머리에 얹고 있지만
그들이 느끼고 있을 마음의 무게에 비하면 한없이 가볍다.

대부분 이삼일 전에 마지막 식사를 했다고 한다.
모두 당장 내일 먹을 음식이 없었다.
이들에게 수해로 집이 없는 것은 둘째 문제 같았다.

다른 여분은 없냐고 물었더니 그저께 자기가 장작 판 돈으로 옥수수 3컵을 사서 일곱 식구가 먹은 게 마지막이라고 했다. 오늘 받은 음식은 얼마 동안 먹을 수 있을 것 같냐는 질문에는 2주 정도 먹을 것 같다고 활짝 웃으며 답했다. 마음속에 우리 팀을 통해 먹을 수 있도록 해 준 것이 기쁘기도 한데, 자꾸만 이 식량을 다 먹은 그다음을 생각하게 된다.

이곳에서 1,400가정이 넘는 말라위 이재민들이 15일간 먹을 수 있는 식량을 나눴다. 긴급 구호에 처음으로 동행한 김승주 전도사님이 "성도들의 헌금이 정말 보람 있게 사용되는군요."라며 현장에서 받은 감동을 한 문장으로 표현했다.

구호품을 다 건네고 현장을 출발하려는데 많은 사람이 계속 우리 팀원들의 손을 잡고 감사하다고 말했다. 마치 한국에서 유명 연예인들이 온 것처럼 말이다. 깊은 감사를 표현하고 싶어 하는 그들의 마음이었다. 그 인파를 뚫고 지나느라 한참이 지나서야 차를 탈 수 있었다. 예수님이 우리에게 계셔서 받을 수 있는 순간의 영광이었다. 그러나 예수님을 태우고 예루살렘에 입성한 나귀처럼, 예수님이 우리 안에 계시기에 쏟아지는 박수일 뿐이다. 예수님이 받으시는 악수이고 박수다.

저는 오늘 포크립을 먹을 겁니다

조현삼 목사님과 함께 사역하면서, 설교 말씀을 통해 가장 많이 듣는 주제가 "말의 힘"이다. 하나님이 우리에게 주신 말에는 힘이 있다는 말이다. 우리는 '말의 힘'을 신뢰하기에 긴급 구호를 하러 가면서도 하는 말마다 믿음을 담는다. 길이 없어 보일 때도 하나님이 열어 주실 것을 선포한다. 마음이 낙심되려고 할 때면 하나님이 하실 일을 믿음으로 선포한다. 하나님께서 들으시고 그 열매를 주시리라 기대하며 하는 말이다. '입술의 열매를 창조하시는 하나님'은 구호 현장에서도 동일하심을 경험한다(사 57:19).

말라위 사이클론 피해 현장에 구호품을 전달하러 가는 길은 매우 험했다. 비포장도로 위에서 차가 덜커덩거리느라 속도를 내지 못했음에도 불구하고 700가정에 식량을 전하기 위해 한참을 달려갔다. 그런데 길을 안내받고자 현지 공무원과 경찰관을 태우고 가장 앞서가던 김성걸 선교사님의 차량이 갑자기 서 버렸다. 뒤따라가던 차량 두 대도 자연스럽게 멈췄다. 잠시 후 앞 차량의 시동이 꺼졌다. 조금 전에 차가 흔들리면서 충격이 느껴졌다는 말에 아래를 보니 기름이 흘러내리고 있었다. 연료 통이 충격으로 깨진 듯했다.

식량을 나누기 위해 어쩔 수 없이 두 대는 계속 이동하고 저만치 뒤따라오던 또 다른 차 한 대가 기술자를 데려오기로 했다. 김 선교사님이 뙤약볕에 홀로 남겨지게 되었다. 이럴 때는 우리나라처럼 레커차가 있는 것도 아니라 정말 난감하다. 기술자가 고치지 못하면 이 차를 이고 갈 수도 없고…. 고장 난 차 옆에 서 있던 김 선교사님이 "걱정하지 말고 먼저 가서 식량을 나누세요."라고 우리를 안심시켰다. 그리고 이재민 캠프에 도착해 쌀을 나누고 있는데, 결국 기술자가 고칠 수 없는 상황이라며 차를 길에 놔두고 그냥 가 버렸다는 말을 전해 들었다. 하는 수 없이 이재민 캠프에 짐을 내려놓았던 트럭이 돌아가는 길에 고장 난 차량을 견인해 가기로 했다.

드디어 며칠에 걸쳐서 하던 식량 나누는 작업을 다 마쳤다. 이제 그동안 머물던 곳보다 좀 더 깨끗한 숙소가 있는 도시에서 그간 지친 몸을 회복할

앞서가던 차량이 갑자기 서 버렸다.
충격이 느껴졌다는 말에 아래를 보니
기름이 흘러내리고 있었다.
연료통이 충격으로 깨진 듯했다.

시간이었다. 약 2시간 거리에 있는 지역으로 가서, 깨끗한 물로 씻을 수 있는 호텔에 투숙하기로 했다. 그전에 우선 차를 고치고 있다는 장소로 갔다. 상황을 확인한 후 김 선교사님을 데리고 함께 이동하기 위해서였다. 도착해 보니 현지 기술자는 차 내부를 분해한 채 열심히 망치질을 하고 있었다. 차를 완전히 망가뜨리는 것은 아닌지 팀원 모두 내심 불안한 표정이었다. 아무래도 수리하는 데 시간이 오래 걸릴 것 같아 우리 팀은 먼저 출발하고 김 선교사님과 현지 사역자 두 명은 차를 고친 후 올라오기로 했다.

김 선교사님에게 "여기에 식량이 없으니 즉석 밥과 반찬을 놓고 가겠습니다."라고 위로의 말을 했다. 아무래도 차를 고치는 분위기로 보아 며칠은 걸릴 것 같아 한 이야기인데 김 선교사님이 거절했다.

"아닙니다. 저는 오늘 거기서 우리 팀을 만나 포크립(돼지갈비)을 먹을 거니까 식량은 두고 갈 필요 없습니다."

실은 우리가 머물기로 한 호텔에서 포크립을 맛있게 만든다는 소문을 들었다. 그래서 구호하는 동안 부실하게 먹은 것을 여기서 위로받으리라 여러 번 말하며 기대를 했던 참이었다. 하지만 아무리 봐도 그 꿈이 이뤄지긴 어려울 것 같았다. 우리는 멋쩍게 웃었다.

우리와 같이 차를 타고 가던 강원화 선교사님이 몇 차례나 김 선교사님과 통화를 했다. 수리가 어려울 것 같아 여러 가지 방법을 의논하며 갔다. 고치기 힘들 것이라는 우리의 예상은 안타깝게도 맞아 들어가고 있었다. 그렇게 출발하고 1시간여를 달리고 있을 때 다시 전화가 왔다.

"다 고쳤습니다. 숙소에서 만나겠습니다. 포크립 먹어야죠."

그 순간 '입술의 열매를 창조하시는 하나님'을 다시 생각했다. 자동차 정비소에 있던 모든 사람이 적어도 며칠은 걸릴 것이라 생각했는데, 도시에서 포크립을 먹겠다는 그 입술의 고백을 하나님이 들으셨다. 재난 구호 현장에서는 다양한 일이 벌어진다. 때론 그것을 어찌 처리해야 할지 모를 때가 많아 마음이 복잡해지기도 한다. 그러나 이 일을 계속할 수 있는 이유는 하나님을 믿기 때문이다.

숙소에 도착해 오랜만에 따뜻한 물로 샤워를 하고 김 선교사님이 먹겠다던 포크립을 주문했다. 사실 대단한 맛은 아니었다. 그래도 오랜만에 먹은 따뜻한 식사가 좋았다. 잠시 후 도착한 김 선교사님도 그 입술의 고백대로 포크립을 먹었다. 말라위에 도착하면서 했던 "하나님이 이 땅을 좋게 하실 것이다."라는 고백을 하나님이 들으시고 그 열매를 창조해 주시길 다시 한번 소원한다.

말라위 땅이 좋아질 것이다.

On The Way

'on the way'는 '가는 중', '도중에'라고 번역하면 될 것 같다. "I'm on the way."라고 하면 "나 지금 가는 중이야." 정도의 해석이 자연스럽다. 긴급 구호를 다니면서 자주 듣는 말 중 하나다. 트럭이 오지 않아 전화하면 "I'm on the way."라는 답변이 돌아온다. 주문한 물건이 약속 시간이 다 되었는데도 오지 않아 연락하면 "I'm on the way."라고 한다. 이 말을 들으면 힘이 빠진다. '한참 걸리겠구나.' 하는 생각이 든다. 그래서 'on the way'라는 말이 싫다.

2004년, 서남아시아에 큰 쓰나미가 발생했을 때 우리 팀은 스리랑카로 갔다. 피해가 큰 지역에 구호 캠프를 설치했고, 나는 수도 콜롬보에서 물건을 구입해 매일 현장에 내려보내는 역할을 했다. 혼자 지키던 창고를 비워 둘 수 없어 끼니를 건너뛰는 경우가 많았다. 참고로 나는 먹지 않으면 일을 못 하고 배가 고프면 움직이지 못한다. 그래서 조현삼 목사님은 내가 배고프다고 하면 혹시라도 짜증을 부릴까 봐 일단 긴장한다. 조 목사님은 일하는 동안에는 잘 먹지 않는다. 일부러 안 먹는 것이 아니라 잊어버린다. 그래서 함께 구호나 일을 나가는 팀원들은 주머니에 간식을 넣어 다니는 경우가 많다. 끼니를 넘긴다 싶으면 언제든지 꺼내 먹을 수 있도록 말이다.

배고프면 일을 잘 못하는 내가 음식을 먹기 힘든 상황이 되자 생각해 낸 방안이 현지인들에게 '배달'을 연습시키는 것이었다. 식당 한 곳을 개척해 사정을 이야기하고, 내가 전화를 하면 음식을 창고로 배달해 주기로 했다. 첫날 먹을 음식을 오전에 주문했다. 전화상으로 "알겠다."는 대답을 들었다. 그러나 2시가 넘어도 오지 않아 다시 전화를 걸었다. 그때 들었던 말이 "I'm on the way."다. 주문한 음식이 오고 있다는 말이었다. 그날 점심은 오후 4시가 넘어서야 먹을 수 있었다. 스리랑카에 있는 내내 이런 일을 경험했다.

말라위에서 오랜만에 이 말을 연속해서 들었다. 마음이 불안해졌다. 우리 팀은 헬리콥터를 활용해 깐띠인다 마을에 구호품을 옮기기로 했다. 그 많은 구호품을 가지고 강을 건널 수 없어 군부대에 헬리콥터를 요청했고 그들은 기꺼이 그렇게 해주겠다고 약속을 했다. 물론 거기에 들어가는 기름 값 등의 부대 비용은 우리가 부담하기로 했다. 오전 9시에 군용 헬기가 오기로 했다. 이상민 목사님과 김승주 전도사님은 그 헬기에 구호품을 실어 이동하고, 나와 정기형 집사님은 보트와 오토바이를 타고 마을로 들어가기로 했다.

이런 멋진 계획 덕분에 보트를 타고 강을 따라 내려가는 동안 아프리카에서만 펼쳐지는 광경을 조금이나마 만끽할 수 있었다. 강둑 옆에 있던 악어가 강물로 뛰어들어 우리 보트에 다가오는 모습을 긴장하며 즐기기도 했다. 나와 정 집사님은 보트로 40분, 오토바이로 30분을 이동하고 마을에 도착해 헬리콥터를 기다렸다.

270가정이 넘는 마을 주민들의 '이제 구호품을 받을 수 있다'는 기대에 찬 눈길을 받으며 둘러싸여 있는데 헬리콥터는 오지 않고 "On the way"라는 답변만 반복되었다. 그러다 3시간을 넘게 기다려 12시 반이 지나서야 들은 답변은 기상 악화로 갈 수 없다는 것이었다. 햇볕이 이렇게 쨍하고 하늘은 푸른데…. 재난 현장에서 "On the way"는 더는 듣고 싶지 않은 말이다.

씻을 수 없는 세면대

은산제는 작은 마을이라 외국인이 흔히 보이지 않는 곳이었다. 그래서 외국인이 지나가면 모든 사람의 시선을 사로잡았다. 외국인이 많지 않은 지역은 여러 면에서 배려가 적을 수밖에 없다. 특히 동양인에 대한 배려는 기대하기 어렵다.

낙후된 아프리카 마을에서는 샤워할 수 없는 숙박 시설에서 자야 하는 경우가 대부분이다. 그래도 세면대가 있으면 비록 제대로 씻을 수는 없지만, 얼굴에 물이라도 묻힐 수 있어 감사하다.

은산제에서 머문 호텔 욕실에는 평소에도 늘 로망으로 삼는 해바라기 샤워기가 있었다. 나는 이상하게 해바라기 샤워기가 좋다. 한국에서 이사할 때도 해바라기 샤워기는 꼭 있어야 하는 필수품이었다. 그래서 호텔 방에 들어갔을 때 그 샤워기가 있는 것을 보고 깜짝 놀랐다. 하지만 따뜻한 물은 나오지 않았다. 낮에는 햇볕이 뜨거워도 밤에는 기온이 내려가 물이 차가웠지만 그래도 괜찮았다. 혼자 웃으며 "샤워는 시원하게 하겠네." 하고 행복해했다. 그런데 샤워기의 구멍이 여러 개인데 한두 구멍에서만 물이 나왔다. 일부러 물을 많이 못 쓰게 하려고 그런 것 같다고 현지 사역자가 설명해 줬다.

개인적으로 수많은 숙소에서 자 봤지만, 이곳은 참 독특했다. 함께 간 정기형 집사님이 "양치질을 하고 물을 뱉을 수가 없어요. 세면대가 너무 높아서 목이 걸려요."라고 하는 바람에 우리 팀 모두가 한바탕 웃었다. 세면대가 왜 이렇게 높은지 아무도 답해 주는 이가 없었다. 동양인을 많이 만나지 못하는 은산제의 특징이 아닐까 추측했다. 그리고 이 불편함까지도 즐겁게 받아들이는 우리 팀이 있어 감사했다.

아이를 등에 업고도 식량을 너끈히 이고 가는
뒷모습에 마음이 먹먹하다.
말라위에 도착하면서 했던 고백처럼
이 땅이 좋아지리라 믿는다.

북인북 / 조현삼

우리가 첫발을 뗀
1995년 어느 여름날의 기록

어디선가 살려 달라는 소리가 들리는 것 같았다

1995년 6월 29일(목), 삼풍백화점이 무너졌다. 내가 붕괴 현장에 도착한 것은 사고가 난 지 5시간이 경과한 무렵이었다. 성남에 있는 성현교회의 성남지역연합교사 강습회에서 특강을 마치고 상계동에 있는 집으로 향하던 중에 붕괴 현장에 랜턴이 부족하다는 방송을 듣고 그것이라도 힘닿는 대로 사다 주려고 잠실에서 핸들을 돌렸다. 삼풍백화점 붕괴 현장은 대형 포탄에 폭격을 맞은 전쟁터를 방불케 했다.

붕괴 현장에 도착하니 이미 많은 시민 봉사자가 나와 있었다. 산소 용접기를 차에 싣고 온 사람, 강화에서 소식을 듣고 급히 달려온 용접공, 밥을 먹다 달려나온 사람, 대학생 등. 일단 주변에 있는 자원하여 현장으로 달려온 봉사자들을 규합했다. 경찰이 통제하고 있었지만, 취지를 설명하자 길을 내줬다.

10여 명의 자원봉사자들에게 혹시 모르니 이름은 적어 놓고 들어가자고 하고 라면 박스에 각자의 이름을 적었다. 나는 자연스럽게 현장에서 급조된 시민 봉사단의 단장이 되었다. 2차 붕괴 위험이 있었기 때문에 현장은 누구도 선뜻 접근하기 어려웠다. 경찰 책임자의 만류도 있었다. 하지만 저 안 어디선가 신음하며 살려 달라는 소리가 들리는 것만 같았다. 함께 모인 시민들의 마음도 같았다. 내부는 다 무너지고 벽만 남아 있는 삼풍백화점 B동 현관을 통해 안으로 들어갔다.

불과 몇 미터 앞의 생존자를 포기해야 하는 심정

건축 폐기물 매립장 같은 붕괴 현장 내부를 랜턴을 들고 샅샅이 뒤졌다. 몇 구의 사체를 발견했다. 사체를 인양하려는 대원들을 만류하고 계속 생존자를 찾았다. 외국어대학을 다닌다는 한 학생이 핸드 마이크를 들고 일사불란하게 통제를 해주었다. 새벽 1시 30분을 조금 넘긴 시간에 한 대원이 "생존자가 있다!"라고 소리쳤다. 남자 한 명, 여자 한 명, 두 명의 생존자를 발견했다. 함께 있던 사람들이 환호했다. 서로 이름도, 얼굴도 모르는 사이였지만, 거기 모인 사람들은 하나였다. 콘크리트 더미 속에서 두 사람을 구조하여 응급차에 실어 보냈다. 시계를 보니 1시 50분이었다. 발견하고 20분 만에 신속하게 구출한 것이다.

1층에서 우리가 하고 있는 구조 작업이 지하 구조 작업에 방해가 된다고 해서 우리 팀은 지하로 내려갔다. 119 구조 대원들이 인명 구조를 위해 최선을 다하고 있었다. 지하 1층에서 잔해물에 허리가 끼어 나오지 못하는 여자 생존자를 허리에 식용유를 발라 겨우 구출해 냈다. 그리고 구조 작업은 중단됐다. 안에 아직 생존자가 두 명이나 있는데…. 1층 엘리베이터 안에서 구조를 기다리는 6명의 생존자를 구조하기 위해 1층에서 크레인 작업을 하기로 결정이 난 것이다.

소방 책임자가 우선순위라는 말을 여러 차례 했다. 119 구조 대원들도 다 철수한 지하 현장에 119 구조 현장 책임자(앞서 여자를 구조한 사람)와 어둠 속에서 나란히 앉았다. 랜턴도 수명을 다해 빛을 잃었다. 칠흑 같은 흑암이다. 불과 몇 미터 앞에 살아 있는 사람을 포기해야 하는 심정이란 말이 필요 없었다. 괴로워하는 그에게서 진한 인간 사랑을 볼 수 있었다.

구조가 포기된 그들에게 들어가 복음을 전하고 기도라도 해주고 싶은 마음이 간절했지만, 행동에 옮기진 못했다. 몇 미터 앞에 생존자가 있는 것을 확인하고 대화까지 하고도 그들을 포기해야 한다는 사실 앞에서 인간의 무력함을 크게 느꼈다. 대신 전능하신 하나님께 마음으로 간절히 기도했다. 하나님은 그 상황 속에서도 여전히 기도를 듣고 계셨다. 시간이 걸리긴 했지만 우여곡절 끝에 그들 모두가 구조되었다. 대원외국어고등학교 교사가 그중 한 사람이고, 한 사람은 백화점 직원이었다. 현장을 떠난 것은 다음 날인 6월 30일 오전 11시였다. 현장에서 12시간을 보낸 것이다. 발걸음은 떨어지지 않았지만 담임목사로서 내가 처리해야 할 일들이 나를 기다리고 있었다. 그날 밤에 맞은 금요 철야 기도회 기도는 뜨거웠다.

**매몰된 틈을
비집고 들어간 성도들**

7월 2일 주일 낮 예배를 마치고 12명의 성도와 함께 다시 삼풍백화점 붕괴 현장을 찾았다. 마침 이날은 맥추감사주일이었다. 우리 교회는 절기헌금 전액을 구제비로 집행한다. 성도들의 의견은 쉽게 하나로 모아졌다. 삼풍백화점 붕괴로 사고를 당한 우리 이웃에게 사랑을 나누는 것으로, 맥추감사헌금 전액을 들고 갔다. 100만 원이 채 안 됐다. 여성도들은 밖에서 음료를 구조대원들에게 나누고, 남성도들은 매몰된 A동 현장에 들어가 작업을 했다. 비를 맞으며 헌신적으로 일하는 성도들을 보며 존경스러운 마음이 들었다. 지하 좁은 틈으로 들어가다 바지가 찢어진 성도도 있었다. 석면 때문에 따갑고 가려운 것을 참으며 열심히 일했다. 새벽 4시가 되어 일단 철수했다. 그날 다 출근을 해야 하는 성도들이었기 때문이다.

7월 4일 화요일. 아직 미집행된 구제금이 70여만 원 남아 있었다. 순장반을 마치고 이번엔 실종자 가족들이 모여 있는 서울교육대학으로 향했다. 주일날 붕괴 현장에서 봉사하면서 붕괴 현장은 먹을 것이 풍족한 반면, 실종자 가족들이 머물고 있는 곳은 부실한 것을 알았다. 이곳이 우리의 사랑이 필요한 곳이라고 느꼈다. 실종자 가족들이 당하고 있는 고통을 조금이라도 함께 나누고 싶은 마음이 간절했다.

서울교대 체육관 앞에 천막을 치고 봉사를 시작했다. 10여 명의 여성도가 헌신적으로 봉사했다. 라면과 커피 등을 준비했다. 식사가 부진한 것을 보고 교회에서 조리 기구를 가져와 현장에서 밥을 지었다. 쇠고기 국을 얼큰하게 끓여 저녁 식사를 제공했다. 반응이 좋았다. 계란을 삶아 돌렸다. 그 후 삶은 계란은 우리 교회 봉사대의 트레이드 마크가 되었다.

그렇게 우리는 계속 떠나기로 했다

이렇게 봉사하던 중 기독교윤리실천운동 본부 유해신 총무와 간사들이 현장을 찾았다. 기윤실에서 붕괴 현장과 이재민들이 모여 있는 서울교대 현장을 돌아보는데 타 종교에서는 몇 팀이 나와 봉사하는데, 기독교계는 없었다고 한다. 그러다 서울광염교회 천막을 발견한 것이다. 반갑게 인사를 나누고 한국 교회가 힘을 합해 피해자 가족들을 돕기로 했다. 즉석에서 그렇게 하기로 결정했다. 일단 명칭을 '한국기독교연합봉사단'이라 했다. 천막에서 서울광염교회 이름은 내리고 한국기독교연합봉사단 이름을 달았다.

실무적인 일은 기윤실 쪽에서 담당하기로 했다. 서울광염교회는 7월 5일 수요일 저녁 식사 봉사까지 하고 일단 돌아왔다. 이어서 할 재정이 우리에겐 없었다. 영동교회에서 우리 교회 뒤를 이어 24시간 봉사를 책임졌다. 그다음은 남서울교회 등이 순서를 맡았다. 그다음은 또 다른 교회가 준비하고 있었다. 이 봉사는 한국 교회가 계속 이어 갔다.

삼풍백화점 붕괴 현장에서 한국 교회는 재난당한 이웃을 뜨겁게 섬겼다. 삼풍백화점 붕괴 사고가 어느 정도 수습된 후에 자연스레 한국기독교연합봉사단은 공식적으로 해단했다. 이렇게 한국기독교연합봉사단은 역사의 뒤안길로 사라지는 듯했다. 해단을 하고 얼마 후, 경기 북부에 큰 수해가 발생했다. 교회에서 현장으로 출동하면서 서울광염교회 이름 대신 한국기독교연합봉사단 이름을 들고 갔다. 서울에 있는 한 교회가 아니라 사랑하는 한국 교회 이름으로 재난당한 이웃을 섬기고 싶어 한 일이다. 그 뒤로 국내외에서 재난이 발생해 현장으로 출동할 때면 우리는 늘 한국기독교연합봉사단 이름으로 간다.

2002년 태풍 루사로 큰 피해를 입은 강릉에서 구호를 할 때였다. 이재민 중에 한 명이 우리 팀의 성격을 물었다. 한국 교회 재난 구호팀이라고 신이 나서 설명했다. 그러자 교회가 참 귀한 일을 한다며 감사를 표했다.

만약 그때 서울광염교회 이름으로 봉사를 갔다면, 어쩌면 지역 교회들에게 폐가 됐을 수도 있다. 서울에 있는 교회가 여기까지 와서 봉사를 하는데 지역에 있는 교회는 뭐 하느냐고 비난할 수도 있다.

하지만 한국기독교연합봉사단 이름으로 구호를 하면 동네에 교회가 있어 이런 혜택을 입는다며 지역 교회에 대해 좋아하며 고마워한다.

한국 교회가 칭찬받는 것을 듣는 기쁨이 재난 구호 현장엔 늘 있다. 한 교회도 한국 교회요, 두 교회도 한국 교회다. 나는 우리 교회가 한국 교회의 일원인 것이 자랑스럽다. 우리 교회가 속한 한국 교회가 칭찬받는 것은 곧 우리 교회를 포함한 모든 한국 교회가 칭찬을 받는 것이다. 앞으로도 우리는 계속 한국 교회 이름으로 재난당한 이웃을 섬기기 원한다.

그래도 우리는 떠납니다

2
군함을 타고 현장으로,
필리핀 타클로반

길이 없어 갈 수 없으니

해외로 긴급 구호를 하러 간다고 하면 많은 사람이 궁금해하는 점이 있다. 도대체 한국에서 구호품을 어떻게 가지고 가냐는 것이다. 실제로 구호품을 한국에서부터 가지고 가는 경우는 없고 늘 현지에서 구한다. 현지 사정이 아무리 열악해도 어디엔가 준비된 것이 있으리라는 믿음을 가지고 간다. 구호품은 식량을 기준으로 최소 30톤 이상이기 때문에 한국에서 준비해 갈 수 있는 양이 아니다. 이 구호품을 싣고 운반하는 과정도 우리 구호팀 인원으로는 감당할 수 없어 현지인의 도움이 필요하다.

그동안 자국에서 일어난 재난을 돕기 위해 수많은 현지인이 나섰지만 2013년 필리핀에 발생한 태풍 하이옌 때만큼 많은 사람이 동참한 적은 없는 것 같다. 사실 필리핀은 태풍으로 인한 피해가 잦은 지역이라 긴급 구호를 가장 많이 한 곳이었고 갈 때마다 애를 많이 먹었다. 공항에서 빠져나가는 데 드는 에너지도 만만치 않은데, 현지인들의 무관심이 마음을 더 힘들게 하곤 했다. 어려운 지역에 의류를 나누기 위해 실어 보냈던 컨테이너가 6개월간 필리핀 항구에 묶여 있기도 했다. 하지만 이번에는 달랐다. 현지 교회, 군인, 정치인들이 하나가 되어 그들의 이웃을 돕는 데 최선을 다해 준 시간이었다.

2013년 11월 8일, 필리핀에 태풍 하이옌이 휘몰아쳤다는 소식이 전해졌다. 특히 타클로반이라는 섬이 가장 큰 피해를 당했는데 연락이 두절되어 실질적인 피해 규모가 얼마나 되는지 가늠할 수 없다고 했다. 우리 팀은 타클로반으로 들어가는 가장 좋은 위치가 관광지로 유명한 세부라는 사실을 듣고 급히 그곳으로 날아갔다. 도착해서 찾아간 곳은 세부 현지에서 가장 큰 교회 중 하나인 씨티교회(담임 조 목사)였다. 교회 내에 구제 팀장이 있어 어려운 사람들을 적극적으로 보살핀다는 이야기를 접하고 도움을 얻기 위해 찾아갔다. 씨티교회 성도들은 한국에서 온 우리 팀을 헌신적으로 도왔다. 하지만 그들을 통해 타클로반으로 가는 길을 모색해 보아도 돌아오는 답변은 "갈 수 없다"는 말뿐이었다.

씨티교회에서 우리 팀을 돕던 분들은 교회 근처에도 피해를 당한 지역이 많으니 타클로반으로 들어가는 일은 포기하고 그쪽을 함께 돕자며 우리를 설득했다. 맞는 말이었다. 피해를 본 곳은 거기 말고도 여러 곳이 있었다.

피해가 가장 심한 타클로반으로 들어가려 했으나 쉽지 않았다.
군 장성과 접촉해 군용기를 빌릴 수 있는지 확인하다가
우여곡절 끝에 군함을 탈 수 있었다.

하지만 꼭 타클로반으로 들어가고 싶었다. 그곳의 이재민들은 극심한 피해로 3일 내내 먹을 것이 없어 굶주림에 지쳐 가고 있을 것이 뻔했기 때문이다. '설마 그렇게까지 심할 리가…'라고 생각하지만 실제로 그런 경우가 대부분이다. 긴급 구호 때마다 피해가 가장 심한 지역으로 이동하려는 이유다.

우리 팀은 타클로반으로 가는 길을 찾기 위해 현지인들과 함께 수많은 곳에 연락을 취했다. 군 장성과 접촉해 군용기를 빌릴 수 있는지도 확인해 보았다. 구해 볼 수 있을 것 같다는 대화가 오가다 결국 사용이 어렵다는 이야기로 결론이 나는가 싶었는데 우여곡절 끝에 군함을 구할 수 있게 되었다.

아쉽게도 나는 이날 군함을 타지 못했다. 너무 아쉬운 순간이었다. '군함을 탔어야 했는데. 언제 이런 경험을 할까?' 싶었다. 타클로반으로 출발하기 전 우리는 팀을 둘로 나누었다. 한 팀은 군함을 타고 가고, 한 팀은 교회 인근 지역의 이재민들을 돕기로 했다. 조현삼 목사님은 군함으로, 나는 인근 지역 구호를 위해 현지에 남았다. 군함을 탄 후 하나님이 우리 팀을 어떻게 인도하셨는지는 조 목사님이 당시 현장에서 쓴 다음 글을 통해 알 수 있다.

여기는 슈퍼 태풍 하이옌이 쓸고 지나간 레이테주의 주도 타클로반입니다. 한국에서 타클로반의 90%가 이번 태풍으로 피해를 당하였다는 보도를 보고 들어왔는데, 현장에서의 느낌은 이보다 더 처참합니다. 타클로반 어디를 가도 온전한 집이나 건물을 찾아보기 힘든 상황입니다. 콘크리트나 철근 구조물들도 힘없이 무너져 내렸습니다. 마치 지진 피해 현장에 와 있는 것 같은 착각을 할 정도로 시내 전체가 참담합니다. 거리에서는 덤프트럭으로 시신을 수습하고 있고 공항도 활주로와 관제탑만 겨우 남아 있고 모두 망가진 상태입니다. 태풍이 지나간 흔적을 통해 당시 태풍이 얼마나 엄청났는지 느낄 수 있습니다.

지금 이곳은 돈이 소용없습니다. 돈이 있어도 그것으로 살 수 있는 물건들이 없기 때문입니다. 이곳에서는 그 무엇보다 양식과 물과 생필품이 필요합니다. 유엔은 이 상태가 며칠 지속되면 폭동이 날지도 모른다고 경고하고 있습니다. 현재 타클로반은 계엄령이 내려진 상태이고 군인들이 요소요소를 지키고 있습니다. 재난 초기 때의 치안 부재 상황은 벗어났습니다. 우리나라를 비롯한 세계 각국으로부터 구호품과 구호팀과 의료진 등이 속속 도착하고 있습니다.

필리핀이 슈퍼 태풍 피해를 입은 것은 지난 금요일 새벽입니다. 태풍 피해 소식이 알려지기 시작한 것은 주일(10일) 오후부터입니다. 상황을 주시하고 있던 우리는 주일 밤 타클로반으로 긴급 재난 구호를 떠나기로 했습니다. 이사야 구호 팀장을 비롯한 우리 팀 4명은 5,000만 원의 긴급 구호금을 들고 2013년 11월 11일(월) 밤, 세부에 도착해 현지에서 최정희 선교사님과 만나 다음 날 구호품 구매에 나섰습니다. 하나님의 인도하심으로 현지에 있는 씨티교회와 만나 하루 만에 한 가구가 일주일 정도 생존할 수 있는 구호 키트 1,200개를 만들었습니다. 씨티교회 조 목사님과 100여 명의 성도들의 헌신적인 봉사가 있었기에 가능한 일이었습니다.

저는 2진으로 12일(화) 밤, 새로남교회(담임 오정호 목사)가 보낸 1,000만 원을 들고 세부에 도착해서 우리 팀과 합류했습니다. 우리 팀은 씨티교회 스태프들과 함께 한국 교회가 준비한 구호품을 최대한 빨리 타클로반으로 가지고 들어가는 것에 대해 백방으로 알아보고 있었습니다.

그러다 13일(수) 오전 6시에 세부에 있는 라파엘 라모스 군항에서 500톤급 해군 함정 바코로드시티호가 타클로반으로 출발한다는 사실을 알고 그 배에 구호품을 싣고 떠나는 것을 추진하면서 결정을 기다리고 있었습니다. 우리 팀은 씨티교회에 모여 현재로서는 이것이 최선이라는 판단을 하고 팀을 둘로 나눠 한 팀은 세부 북쪽에 있는 반타얀을 구호하고, 한 팀은 해군함을 타고 타클로반으로 가기로 했습니다.

새벽 6시에 출항하는 500톤급 해군 함정 바코로드시티호.
군함은 세부항에서 27시간을 달려 타클로반에 도착했다.

13일(수) 새벽 2시, 항구로 나간 현지 교회 목사님으로부터 해군함에 한 트럭 분량의 구호품은 실어 줄 수 있지만 그 이상은 어렵다는 연락을 받고 항구로 달려갔습니다. 함장은 수면 중이었고 현장을 지키던 해군 병사는 새벽 5시가 되어야 함장을 만날 수 있다고 했습니다. 그러나 그때

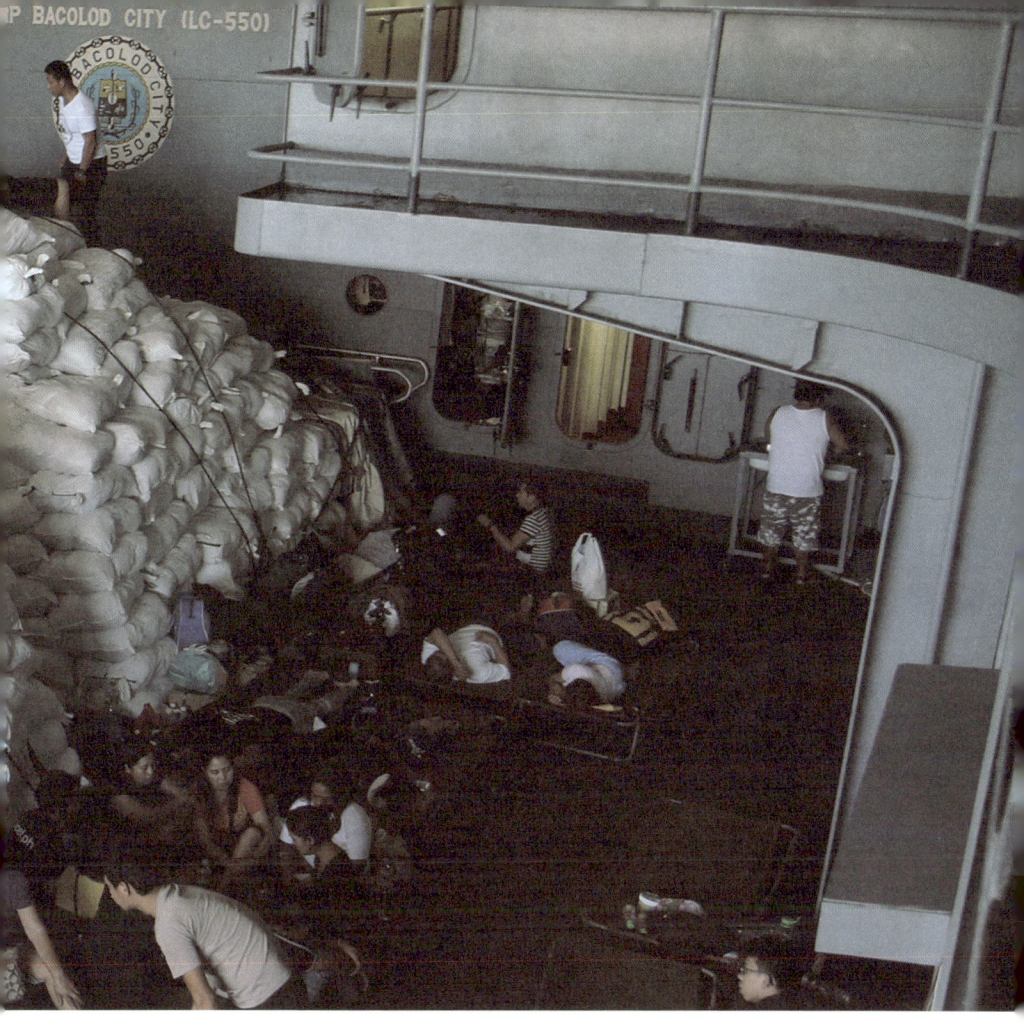

실어 주는 것으로 결정되어도 우리 팀은 씨티교회 예배당에 준비해 놓은 구호품을 실어 올 시간이 없는 상황이었습니다. 출항하는 시간이 새벽 6시였기 때문입니다. 우리 팀에게 지금 무조건 씨티교회로 가서 구호 키트를 실어 오도록 했습니다. 일단 구호품을 실어다 놓고 결과를 기다리기로 했습니다. 우리에게는 하나님이 계시고, 우리 하나님이 재난 현장에서 우리가 몸으로 느낄 정도로 함께하시는 것을 여러 번 경험했기 때문에 이번에도 하나님의 일하심을 기대했습니다.

새벽 5시, 함장이 기상하고 우리는 배에 올라가 도움을 청했습니다. 하나님은 역시 우리의 기대를 저버리지 않고 일하셨습니다. 800가구가 일주일을 생존하는 데 필요한 생수와 구호 키트를 다 해군 수송선에 실었습니다. 그 배에는 타클로반에 살고 있는 가족을 찾아 들어가는 200여 명의 필리핀 사람들도 탑승했습니다. 우리 팀은 굶주림에 시달리고 있는 타클로반 사람들을 향해 하나님이 주신 마음이 있었기에 수송선을 타고 27시간을 가는 긴 항해에도 지치지 않고 견딜 수 있었습니다. 구호품을 실은 해군 수송선은 다음 날, 11월 14일(목) 오전 9시 세부 항을 출발한 지 27시간 만에 타클로반에 도착했습니다.

타클로반에 도착한 후에 이 구호품을 어떻게 나눌 것인지를 생각했습니다. 하지만 그것도 하나님의 몫이었습니다. 씨티교회가 세부에서 타클로반에 있는 팀에게 연락해 주었지만 그 팀도 우리의 안전을 보장할 수 없다고 했습니다. 하나님의 일하심을 우리는 또 기대했습니다.

배가 타클로반 항구에 도착한 후에 우리는 다양한 구호품 분배 방법을 찾았습니다. 그런 중에 하나님은 최상의 것으로 한국 교회가 준비한 구호품을 이재민들에게 일일이 직접 나눌 수 있도록 하셨습니다. 하나님이 해군 제독과 항구를 지키고 있던 육군 책임자의 마음을 감동시키셔서 그들이 우리 팀을 위해 해군 트럭 2대, 육군 트럭 2대 등 총 트럭 4대와 무장을 한 삼십여 명의 육군과 해군 병사들을 붙여 주기로 했습니다.

우리 팀은 구호품을 트럭들에 나눠 싣고 무장한 군인들의 호위를 받으며 이재민들이 모여 있는 레이테종합체육관으로 갔습니다. 구호품을 실은 우리 트럭이 체육관으로 들어가는 것을 보고 많은 이재민이 달려왔습니다. 순식간에 구호품을 실은 트럭은 수많은 사람에게 둘러싸였습니다. 군인들이 나서서 질서를 잡았습니다. 구호품의 양이 많다는 것을 안 이재민들이 안심하고 줄을 서기 시작했습니다. 놀랍게 이내 질서가 잡혔습니다.

이재민들이 길게 줄을 섰습니다. 구호품을 나누기 시작하자 이재민들의 얼굴에 미소가 번졌습니다. 구호품을 나누는 중에 비가 쏟아졌지만 구호품 분배는 계속되었습니다. 그들은 엄청난 재난으로 가족을 잃고 살아남은 사람들입니다. 그런데도 그들은 한국 교회가 준비한 구호품을 받고 활짝 웃으며 "땡큐", "마라밍 살라맛"을 연발했습니다. 그중에 꽤 많은 사람은 한국말로 감사하다고 인사를 했습니다. 엄지손가락을 치켜세우며 "코리아", "코리아 처치"를 연발하는

사람도 있었습니다. 구호품을 나누고 돌아가는 우리 팀을 향해 그들은 "땡큐"를, 우리 팀은 "쏘리"를 주고받았습니다. 충분히 나누어 주지 못한 것에 대한 미안한 마음이 가득했습니다.

해군 제독은 현장에서 우리와 함께 구호품을 나누었습니다. 빨간 조끼를 입은 키가 아담한 필리핀 여성도 우리와 함께 열심히 구호품을 나누었습니다. 그분이 필리핀의 보건복지부 장관 딩키라는 사실을 다음 날 타클로반 공항에서 만나서야 알았습니다. 딩키 장관은 한국 교회에 마음 깊이 감사하다는 메시지를 전해 주었습니다.

구호품 분배를 마친 우리 팀은 해군 제독의 배려로 군 트럭을 이용해 타클로반 공항 안까지 들어올 수 있었습니다. 공항에서 하룻밤을 노숙하고 15일(금) 오후 3시경에 이곳에서 긴급 구호품을 싣고 온 육군기 편으로 세부로 이동하기 위해 대기 중이었습니다. 현장에서 우리 팀의 구호품 분배를 취재한 외신 기자를 조금 전 타클로반 공항에서 만났습니다. 우리 팀을 보더니 반갑게 인사하면서 우리 팀이 레이테종합체육관에서 구호품을 나눠 준 최초의 해외 구호팀이었다며 격려해 주었습니다. 또한 구호품 분배를 도와준 해군 레이놀드 제독을 공항에서 만났습니다. 그는 국민들이 구호품을 받고 행복해하며 웃는 것을 보고 마음 진한 감동을 느꼈다며 한국 교회에 감사 인사를 전했습니다.

세계 어느 곳이든 재난당한 이웃에게 한국 교회는 사랑입니다. 희망입니다. 생명입니다. 한국 교회의 돈과 사랑이 흘러간 타클로반은 살아날 것입니다. 사랑합니다.

우리는 사실 한 치 앞을 내다볼 수 없는 삶을 산다. 재난이 일어날 것을 내다볼 수 있는 사람이 어디 있을까. 이렇게 아픈 재난이지만 그 가운데서도 생명의 끈을 이어 가려는 수고와 희생이 계속되어 우리의 삶이 이어져 간다. 필리핀의 수많은 사람, 군인, 정치인이 하나 된 덕분에 이재민들을 살리기 위한 여행이 계속될 수 있었다.

조 목사님은 구호품을 전달하고 세부로 돌아가기 위해 비행기를 기다리던 공항에서, 타클로반에서 사업을 하다 몸만 겨우 빠져나와 마닐라에 있는 친구 집으로 피신하려는 한명학 씨(남, 67세)를 만났다고 한다. 그리고 세부로 가는 비행기를 같이 탄 한 씨에게 2만 페소(한화 약 50만 원)를 전달했다. 한 씨는 현지인 아내 제릴린(여, 36세)과 6살짜리 딸이 있었다. 한 씨 내외는 태풍에 상한 두 손으로 조 목사님의 손을 잡으며 자신이 교회는 다니지 않지만 그래도 목사님 이름이라도 알고 싶다고 했다. 힘들고 어려울 때 삶에 작은 관심을 가져준 모습이 마음속에 깊이 남은 모양이었다.

우리 팀은 세부 공항에서 재회했다. 조 목사님 일행은 타클로반에서 세부까지 우리나라 육군 수송기를 타고 왔다. 구호품을 싣고 타클로반 공항에 내려 준 후 자국민을 태우고 나온 고마운 비행기였다. 기쁨으로 재회하는 자리에서 조 목사님은 하루 동안 타클로반 공항에 머물며 이제 여기서 어떻게 돌아가야 할지를 고민했다고 한다. 우리나라 육군 수송기가 온다는 소식을 듣고는 뛸 듯이 기뻐하며 비행기를 탔는데 "우리 국민의 안전을 지키는 육군 수송기에 탑승한 대한민국 국민 여러분을 환영합니다."라는 멘트가 나오자 눈물이 핑 돌았다고 했다.

육군 수송기에 구호품을 가득 실었다.
태풍 하이옌이 몰아친 후 필리핀 교회뿐만 아니라
군인, 정치인이 하나 되어 이재민을 도왔다.

누가 음식을 다 주라고 했어요?

지금은 빛소금광염교회를 개척해 담임목사로 사역 중인 이경원 목사님에겐 말을 재치 있게 해 남을 즐겁게 하는 은사가 있다. 우리와 함께 사역하는 동안에도 목회자와 성도들을 자주 빵빵 터뜨리곤 했다. 그가 말하면 아무것도 아닌데 재밌다.

이 목사님이 미국에서 목회하기 위해 주한미국대사관에서 비자를 받을 때 이야기다. 비자가 만료되는 시점인 5년 후에 한국에 다시 돌아올 것이라고 대사관과 약속했고, 실제로 미국에서 5년 동안 목회를 한 후 한국으로 돌아왔다. 5년 전 대사관과 한 약속을 지키기 위해서였다. 그에 관한 이야기를 듣고, 이후 서울광염교회에서 같이 사역하게 되었다.

이 목사님과 처음이자 마지막으로 함께 간 긴급 구호가 이곳 필리핀이었다. 그곳에서 우리는 군함을 타고 타클로반으로 들어가는 팀과 세부에 남아 인근 지역 이재민들을 돕는 팀으로 나누어 사역해야 했다. 조 목사님과 내가 나뉘고, 다른 팀원들도 나뉘어야 했다. 영어를 잘하는 이 목사님이 조 목사님과 배를 타야 맞을 것 같았다. 조 목사님이 누가 군함을 같이 탈지 물었다. 고개를 옆으로 짧게 여러 번 흔들고 있는 이 목사님과 눈이 맞았다. 내게 간절한 눈빛을 보내고 있었다. 눈빛의 의미는 금방 알 수 있었다.

'난 여기 남을 거야. 군함 안 탈 거야. 무서워.'

내가 바로 대답했다.

"아무래도 이경원 목사가 가야 할 것 같습니다."

조 목사님도 "아무래도 그렇지."라고 응답을 해서 이 목사님은 그대로 조 목사님과 함께 군함을 타고 떠났다.

 그들이 군함을 타고 타클로반으로 출발하기 전, 이 목사님에게 한 가지 당부를 했다.
 "조 목사님이 기댈 것 없는 공간에라도 사다리를 놓으라고 하면 그건 이유가 있으니까 그대로 해요. 하지만 우리 팀의 먹을 것과 관련해서는 절대 조 목사님 말을 들으면 안 됩니다. 그건 홍철진 목사님 말을 꼭 따라야 해요."
 여러 번 구호를 같이 다닌 사람들에게는 말할 필요가 없는 내용이었지만 처음 구호를 온 이 목사님에게는 다짐을 받아야 하는 일이었다. 긴급 구호를 시작한 지 얼마 안 됐을 때는 구호품을 하나라도 더 가져가기 위해 팀원들이 먹을 비상식량을 짐에서 뺐다. 그러다 2005년 파키스탄 지진 구호 이후로는

타클로반에서 구호를 끝낸 후에도
만 하루를 공항에서 더 머물러야 했고
간신히 한국 육군에서 준비한 군용기를 타고 나올 수 있었다.
조 목사님은 수송기를 탄 후 기내 방송으로 나오는
환영 멘트에 눈물이 핑 돌았다고 했다.

비상식량을 반드시 준비한다. 그곳에서 우린 먹을 식량이 없어 오히려 우리가 이재민이 될 처지에 놓였었다. 서양에서 온 구호팀들에게 식량을 받아 연명했다.

어려운 환경에도 불구하고 타클로반에서 구호품 나누는 일을 무사히 마쳤다. 조 목사님은 구호품을 다 배분했으니 이제 남은 것도 모두 주고 떠나야 한다고 여겨 이 목사님에게 말했다.

"우리가 가진 비상식량도 이재민들에게 다 나눠 주자."

결정을 들은 이 목사님은 비상식량을 꺼내 이재민들에게 나눠 주기 시작했다. 이를 본 홍철진 목사님이 급하게 소리쳤다.

"누가 음식을 다 주라고 했어요?"

그때 비로소 내가 부탁했던 이야기가 생각났다고 이 목사님은 회고했다. 구호품을 다 나눠 준 후에도 어떤 일이 일어날지 모르기 때문에 비상식량은 있어야 한다. 실제로 타클로반에서 구호를 끝낸 후에도 만 하루를 공항에서 더 머물러야 했고, 간신히 한국 육군에서 준비한 군용기를 타고 세부로 나올 수가 있었다. 비행기를 기다리는 동안 공항 안에 있던 한국 기자들도 우리 음식을 함께 나누며 허기를 달랬다. 비상식량이 없었다면 우리 팀이 어떻게 버틸 수 있었을까.

이후 교회를 개척해 나갈 때까지 이 목사님은 두 번 다시 긴급 구호에 동참하지 않았다. 긴급 구호팀을 꾸릴 때는 조용히 사라졌다가 누가 갈지 결정이 되면 다시 나타났다. 그러고는 구호팀이 떠나면 사무실에 들어와 "왜 나를 안 데리고 간 거야~"라고 소리쳐 우리를 또 한 번 웃겼다.

3
전쟁의 후유증을 앓는 도시,
이라크 바그다드

고통이 없게 해주세요

2003년, 20여 시간의 긴 여정을 거쳐 4월 25일 오후 요르단의 수도 암만에 도착했다. 우리 팀은 종전 후 의료 혜택을 받기 힘들었을 이라크 사람들을 위해 의약품을 이민 가방 크기에 담아 왔다. 입국하는데 앞선 사람들이 짐 검사를 까다롭게 받는 모습을 보면서 의약품을 어떻게 설명할지 고민하며 무사히 통과되길 기도했다. 다행히 우리 카트는 아무도 제지하지 않았다. 팀원 모두가 의아할 정도로.

요르단 현지에서 들리는 이라크 종전 소식이 있었다. 전기와 물이 조금씩 들어오고 있지만 위험은 아직 상존한다고 했다. 우리가 만났던 외신 기자는 이라크 국경을 벗어나면서 방탄복을 벗고 "이제 살았다!"라고 외쳤다며 우리에게 조심하라고 당부했다.

우리 팀은 숙소에 도착해 감사 예배를 드렸다. 예배를 인도하면서 말씀을 전했다. "성령의 인도하심에 따라 봉사할 때 하나님의 크신 영광이 드러나게 될 것입니다."라고 말했다. 당시 요르단 암만에는 세계 100여 곳의 NGO들이 이라크 구호 활동을 위해 대사관에서 비자 발급 수속을 밟으며 입국을 기다리고 있었다.

다음 날, 이라크에서 근무하다가 요르단에 나와 있는 대우 김갑수 이사님을 만났다. 이라크 상황에 대한 정보를 얻기 위해서였다. 2002년 아프리카 수단에 갔을 때 만났던 대우 서병화 상무님의 소개로 만난 김 이사님은 우리에게 많은 이야기를 들려줬다. 이라크에 식량이 필요하다는 보도는 오보였다. 이미 전쟁을 대비해 최대 6개월 치의 식량을 각 가정에서 확보하고 있었다. 또한 일반적인 의약품도 매우 풍성하다고 했다. 다만 화상과 외과 치료에 필요한 의약품이 중요하다며 우리가 그것들을 챙겨 온 데에 선견지명이라며 칭찬을 했다.

현재 이라크에서 가장 중요한 것은 물이라고 했다. 전기도 90% 정도는 들어와서 별 문제가 없을 듯했다. 깨끗한 물을 공급하는 방향으로 팀원끼리 의견을 모았다. SBS 현지 특파원의 도움으로 바그다드에 비교적 안전한 호텔도 확보했다. 김 이사님은 혹시라도 숙소에 문제가 생기면 본인의 집으로 오라는 감사한 말도 남겼다.

암만에 도착한 지 이틀 만에 이라크 비자를 받았다. 1진으로 주누가 선교

종전 후에도 바그다드 곳곳에 아직 갈무리하지 못한 피곤함이 묻어났다.
기름을 받기 위해 석유통과 함께 줄을 길게 선 사람들의 모습에서
어쩐지 지친 기색이 엿보인다.

사님, 김마가 선교사님과 내가 들어가기로 했다. 구호품을 전달할 장소와 방법을 먼저 찾고, 다른 팀원은 암만에서 하루 더 머물며 물품을 구하기로 했다. 이라크 국경에서 서울과 2진 팀원과 마지막으로 통화했다. 이라크로 들어가면 더는 일반적인 통신이 불가했다.

  암만에서 바그다드까지는 예상했던 10시간보다 6시간이 더 걸렸다. 전쟁 당시의 흔적들이 그대로 있었다. 폭격을 맞아 무너진 건물들, 전쟁 중 사용한 듯한 각종 무기가 방치되어 있었다. 사람들이 많은 거리는 언뜻 활력이 있는 듯 보였지만 아직도 탱크와 장갑차 등 전쟁의 후유증으로 도시는 온전한 기능을 하지 못하고 있었다.

  도착한 날은 바그다드가 미군에 함락된 지 21일째 되는 날이었지만 겉으로 보기에는 평범한 도시와 다를 바 없었다. 요르단에서부터 가져온 구호품을 나누기 위해 여러 곳을 찾아다녔다. 우리는 깨끗한 물이 절실하게 필요한 곳을 먼저 가기로 정했다. 바로 바그다드의 사담소아병원이었다. "We Koreans love Iraq!"(우리 한국인은 이라크를 사랑합니다)라고 쓰인 플래카드를 트럭 외부에 걸었다. 트럭이 병원에 도착하자마자 사람들이 몰렸다. 갑작스러운 인파가 두려웠으나 그나마 병원 내부였기에 안심이 되었다. 한 이라크 남자는 우리 팀에 의사가 있다는 말을 듣고 자기 아이의 엑스레이 사진을 보여 주며 살려 달라고 애원하기도 했다. 자녀를 향한 부모의 애절함에 마음이 아팠다.

  이곳은 이라크에서 가장 큰 소아 병원인 만큼 치료를 받는 아이들의 숫자도 많았다. 전쟁의 상흔처럼 병원 뒤쪽에는 죽은 아이들의 무덤이 있었다. 숨진 아이들도 많았지만 의약품 부족으로 간단한 치료조차 받지 못하는 아이들도 상당했다.

전쟁의 상흔처럼 소아 병원 뒤에는
죽은 아이들의 무덤이 있었다.
숨진 아이들도 많았지만 의약품 부족으로
간단한 치료조차 받지 못하는 숫자도 상당했다.

　　사담소아병원은 얼핏 보아도 오랫동안 계속된 경제 제재와 전쟁으로 기본 설비마저 갖춰져 있지 않았다. 소아 병원 의료진은 2개월째 월급을 받지 못하고 있었지만 그런데도 헌신적으로 환자들을 돌보고 있었다. 우리 팀은 준비해 간 2L 생수 2,500통, 수액 5,000병, 주삿바늘 1만 개를 병원에 전달했다. 병원 관계자는 "꼭 필요한 때 소중한 물품을 지원해 줘 감사하다. 한국 크리스천들의 사랑이 이라크 국민에게 큰 힘이 되고 있다."라고 말했다.

　　이튿날은 바그다드에서 북쪽으로 60km쯤 떨어진 알 라슈디아 마을에서 진료를 했다. 알 라슈디아는 이라크 민병대와 미군 사이에 치열한 교전이 벌

복잡하게 얽힌 차량들이
언뜻 도시의 활력을 대변하는 듯 보였지만
실상은 전쟁의 후유증으로
온전히 나아가지 못하는 상태였다.

어졌던 곳으로 알려져 있다. 치열했던 전투만큼 사망자나 다친 사람이 많았고 아이들의 피해가 컸다. 마을에서 마당이 있는 카삼의 집에 허락을 구하고 그곳에 임시 진료소를 설치했다. 소아과, 치과, 약국을 설치하고 진료와 함께 간단한 약품을 나눠 주었다. 미군의 폭격으로 다리를 다친 세이피(남, 7세)는 봉사단의 응급 치료를 받았다. 세이피는 폭격으로 아버지와 6명의 가족을 잃었으며 어머니, 동생과 간신히 죽음을 면했다. 우리는 알 라슈디아의 한 초등학교에 공책 2,400권, 연필 7,600자루, 지우개 1,800개 등 학용품도 함께 전달했다.

이라크에서 본 그들은 상처받기 쉽고 전쟁이 두려운, 우리와 똑같은 사람들이었다. 하지만 온몸으로 전쟁의 공포를 겪어 내고 그 자리에 서 있었다. 우리가 일상적으로 마시는 깨끗한 물, 언제든 사용할 수 있는 학용품, 아프면 쉽게 찾아가 도움받을 수 있는 병원 등이 그들에게는 모두 당연하지 않았다. 나는 이라크에서 간절히 기도할 수밖에 없었다.

"하나님, 대한민국에 전쟁이 일어나지 않게 해 주십시오. 이곳에서 전쟁이 일반 국민의 의지에 달려 있지 않다는 것을 경험했습니다. 하나님이 전쟁을 막아 주십시오. 대한민국이, 그리고 한국 교회가 재난당한 우리의 이웃을 부지런히 섬기겠습니다. 그들의 아픔에 함께하겠습니다."

전쟁을 겪지 않은 세대인 나는 현장의 아픔을 보며 하나님께 의지할 수밖에 없었다.

소총으로 무장한 사람들

우리는 출발 당시, 우여곡절 끝에 4월 27일 오전에 비자를 받고 그날 밤 12시에 이라크로 향했다. 암만에서 이라크 국경까지 5시간, 국경에서 바그다드까지 5시간의 거리였다. 밤새 달리는 일정이었다. 그래야 혹시 모를 지연에 대비해 어두워지기 전에 바그다드에 도착할 수 있을 것 같았다.

드디어 국경에 다다랐다. 비자를 확인한 미군이 우리를 통과시키며 "매우 위험합니다. 뭘 조심하고…."라며 여러 가지 주의 사항을 말해 주는데 하나도 들리지 않았다. 마지막 한마디만 귀에 들어왔다. "Good luck, God bless you!"(행운을 빕니다. 하나님의 축복이 있기를!)

한 남자는 우리 팀에 의사가 있다는 말을 듣고
자기 아이의 엑스레이 사진을 보여주며
살려 달라고 애원하기도 했다.

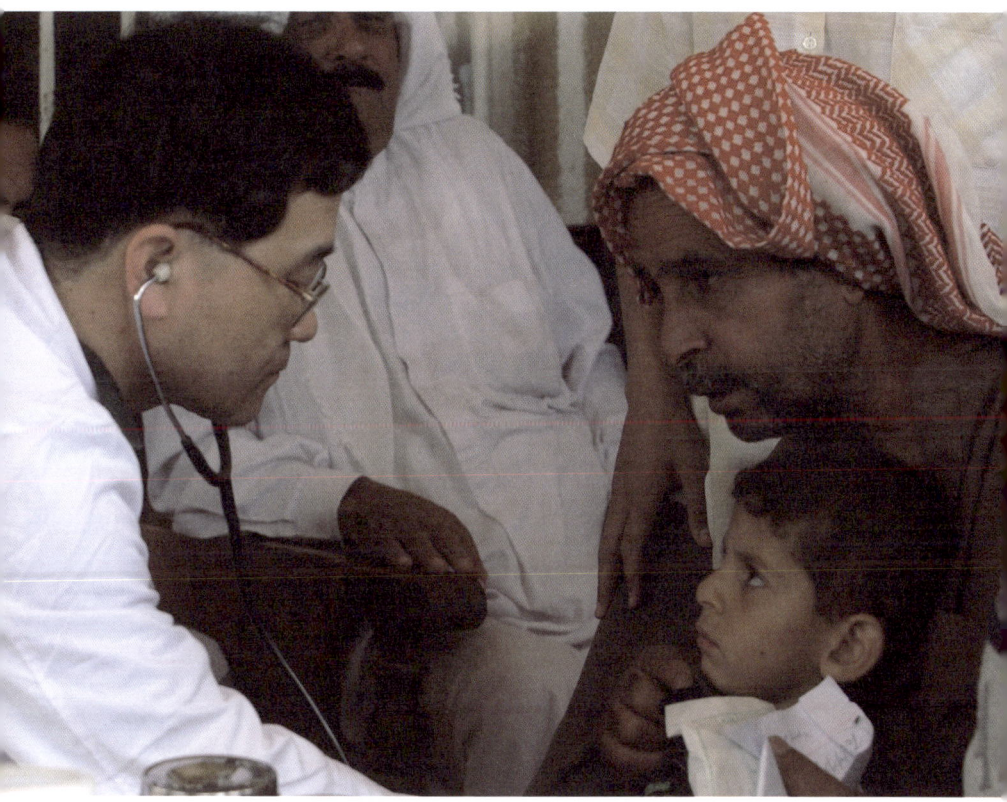

'그래, 하나님이 함께하시지.'

다시 한번 하나님의 동행하심을 고백하며 바그다드로 들어갔다.

바그다드까지 가는 왕복 8차선 고속도로엔 우리 차밖에 없었다. 곳곳에 폭격의 흔적으로 큰 구멍이 뚫려 있어 전쟁 당시의 상황을 그릴 수 있었다. 아침이 되자 밤새 차를 타고 달린 모든 팀원이 고개를 떨구며 졸았다. 문제는 운전기사도 똑같이 졸고 있었다. 그러다 차도를 벗어나 사막으로 들어가면 차가 덜컹거려 다 같이 깨는 일이 반복됐다. 대각선으로 간다 싶으면 여지없이 차는 도로를 벗어나 있었다. 내가 운전을 하겠다고 해도 운전기사는 절대 운전대를 내주지 않았다.

바그다드 티그리스강 주변의 야자수 숲은 그 어떤 곳보다 아름다웠지만 시내의 상황은 정반대였다. 숙소를 찾아 움직이는데 낯선 현지인들이 차를 막아섰다. 총을 들고 기사에게 무언가 요구하는 듯했다. 그런데 갑자기 기사도 좌석 밑에서 권총을 꺼내 들었다.

'앗, 이건 무슨 상황이지?'

서로 총을 겨눈 채 뭐라고 크게 소리치다가 이내 아무 일 없었다는 듯 차가 다시 출발했다. 옆에 앉아 있던 주 선교사님이 "대낮에 서로 총을 휘두르네." 하며 놀란 가슴을 진정시켰다.

우리가 머문 호텔은 밤이면 철문으로 출입구를 봉쇄하고 자동 소총으로 무장한 사람들이 문을 지켰다. 일과를 마치고 서울에 연락했다. 위성 전화로만 통화가 가능했다. 그런데 우리가 가지고 있는 위성 전화는 실내에서는 터지지 않고 실외에서만 작동했다. 좀 더 비싼 것을 샀어야 했는데 당시로서는 그것이 우리의 최선이었다. 해가 떨어지기만 하면 호텔 측은 철문을 굳게 잠갔다. 혹시 모를 위험에 대비하기 위해서였다.

테라스로 나가야 통화를 할 수 있는데 호텔에서는 불빛이 새어 나가면 안 된다고 신신당부를 했다. 불빛이 보이면 곧잘 총격이 일어난다는 것이다. 위성 전화의 불빛이 안 보이도록 테라스 벽 아래 쪼그려 앉아 통화했다. 그러는 내내 총소리가 시끄럽게 들려왔다. 사실 첫 해외 긴급 구호에 아무 생각 없이 나왔나 보다. 이렇게 매일 총소리를 듣게 되리라고는 상상도 못했다.

같은 호텔에서 분쟁 지역 전문 김영미 PD를 만났다. 전쟁과 분쟁 지역만 다니며 다큐멘터리를 만드는 분이다. 그녀는 "오늘 누가 제 카메라를 빼앗으려고 바닥으로 총을 쐈는데 옆에 있던 보디가드들이 대응 사격을 안 해서 그들을 해고했어요."라며 그날 있던 일을 이야기했다. 이라크, 전쟁은 끝났지만 여전히 위험한 땅이었다. 하지만 이곳에서도 하나님의 사랑을 담은 구호품이 전달되어 또 누군가는 살 수 있는 소망을 얻어야 했다.

이라크에서 구호하는 동안 아무나 가기 쉽지 않은 바그다드를 누구의 제지도 없이 다닐 수 있었다. 그렇게 주누가 선교사님, 김마가 선교사님과 시내를 다니다가 한 건물에 있는 십자가를 발견했다. 들어가 보기로 했다. 교회 안에는 청년 몇 명이 있었다. 젊은 기독교 지도자들이었다. 종전되면서 감옥에서 나올 수 있었고, 덕분에 이렇게 우리 팀을 만난다고 했다.

이슬람권에서 선교하는 두 분 선교사님과는 구호를 마치고 돌아와서도 계속 교제를 이어 가고 있다. 그리고 그중 한 명인 노릭 목사님을 통해 이라크에 바그다드평화교회를 세우게 되었다. 서울광염교회의 파송 선교사가 된 노릭 목사님과 함께 지금도 하나님이 행하시는 놀라운 기적들을 목격하며 경험하고 있다. 구호를 통해 하나님이 주신 예상치 못한 만남이자 선물이다.

그래도
우리는
떠납니다

4
지금 돈은 무용지물입니다,
인도네시아 팔루

당장은 보이지 않아도

2003년 이라크 전쟁이 끝난 후 처음으로 해외 구호를 하러 갔다. 그때의 긴장감을 아직도 잊을 수 없다. 처음이라는 두려움도 있었지만, 전쟁이 끝난 후 그들의 세상에 대한 분노와 적대감에 찬 눈빛은 지금까지도 생생하다. 어쩌면 내겐 이슬람 국가에 대한 첫 이미지를 심어 준 경험이었다. 그리고 2018년 9월 28일, 인도네시아 술라웨시섬에서 진도 7.5의 지진이 발생했다는 소식이 전해졌다. 재난의 크기와 사망자 등에 관심을 두고 지켜보면서도, 이슬람 국가에 대한 첫 이미지가 아직도 마음에 많이 남아 있어 망설여졌다.

사망자는 1명이라고 보도되었지만, 그동안의 경험으로 보아 계속 늘어날 것이 분명했다. 현지에 있는 선교사님과 지인들을 통해 부지런히 관련 소식을 알아보면서 출동 준비를 하고 있었다. 예상했던 대로 사망자가 기하급수적으로 늘고 있었고, 피해 규모도 급속도로 증가하고 있었다. 피해가 가장 심한 지역은 팔루로 알려졌고, 공항이 폐쇄되었다는 뉴스를 접했다. 이런 상황에도 불구하고 이슬람 국가에 대한 첫 이미지 때문에 출동을 망설이던 차였다. 그러다 현지 선교사님과 통화하면서 정신이 번쩍 들었다.

"목사님, 이곳 사람들에겐 한국 교회의 지원이 꼭 필요합니다."

현지 코디네이터로 김영생 선교사님이 함께하기로 했다. 김 선교사님은 한국 교회가 재난으로 어려움에 빠진 인도네시아 사람들을 어떻게든 도와주길 간절히 소원했다. 약속을 잡기 위해 전화를 걸었다. 김 선교사님은 우리가 긴급 구호를 떠나기로 했다는 이야기에 어린아이처럼 좋아했다. 그리고 단장인 조현삼 목사님이 오는지 궁금해했다. 이번엔 내가 간다고 답했다.

"목사님도 구호 경험이 있으세요?"

"네, 저도 꽤 다녔습니다."

전화 너머로 김 선교사님의 걱정스러운 얼굴이 보이는 듯했다. 긴급 구호를 어떻게 해야 하는지 전혀 감이 잡히지 않아 하는 당연한 질문이고 걱정이었다.

가장 피해가 심한 팔루 지역으로 가야 했다. 한국에서 출발하는 시점에 팔루 공항은 이미 폐쇄되어 인근 지역인 마무주로 들어가 거기서 차를 타고 이동하기로 했다. 현지에서는 평소 마무주에서 팔루까지 5시간 정도가 걸린다고 했지만, 인도네시아 자카르타에 도착해서 확인해 보니 21시간은 족히 걸

팔루는 지진으로 도로가 폐쇄되거나 막혀
평소 5시간이면 도착할 거리를 21시간은 족히 이동해야 했다.

릴 것 같았다. 지진으로 도로가 폐쇄되고 막히면서 일어난 사태였다. 우리 팀은 언제나 재난 현장에 빨리 도착하길 기도한다. 재난을 당한 사람에게 서둘러 가고 싶은 마음에서다. 아무것도 없는 두려운 상황에서 긴급 구호팀이 건네는 식량의 가치는 그 무엇으로도 표현할 수 없다. 이 구호품을 빨리 전해줘야 한다.

이런 마음으로 차 안에서 21시간을 버티기는 너무 힘들 듯싶었다. 우리 팀이 국내선을 타고 자카르타에서 마무주

로 가는 동안 먼저 도착한 김 선교사님이 팔루까지 가는 비행기 자리를 알아보고 있었다. 이번 구호를 함께하는 김영찬 집사님, 홍철진 목사님, 박주광 목사님과 간절히 기도했다.

"하나님, 빠른 시간 내에 재난 현장에 도착해 그곳에서 먹을 것 없이 두려움에 떠는 이재민들을 도울 수 있는 은혜를 주십시오. 팔루까지 가는 비행기 자리를 마련해 주십시오."

마무주 공항에 도착하자마자 티켓을 사기 위해 김 선교사님이 있다는 사무실로 뛰어갔다. 그곳에서 김 선교사님을 처음 만났으나 초면임에도 불구하고 인사조차 제대로 못했다. 나는 어떤 상황인지도 파악하지 못한 채 선교사님과 이야기를 나누고 있는 공항 직원에게 일단 고맙다고 말했다. 이때 시각이 오후 12시 45분이었다. 그 순간 직원이 오후 1시에 떠나는 좌석 6개를 만들어 주었다. 불과 2시간 전에 자카르타 공항에서 출발할 때만 해도 팔루로 가는 비행기 좌석이 하나도 없다고 했는데 그 2시간 안에 6명의 자리가 잡힌 것이다. 하나님이 우리 마음의 소원을 들으시고 가장 빠르게 이재민들에게 갈 수 있는 길을 열어 주셨다.

인도네시아에 도착해서 제일 많이 들은 말은 "지금 팔루에서 돈은 무용지물입니다."라는 말이었다. 문을 연 상점도, 머물 수 있는 호텔도, 살 물건도 없다는 말이었다. 아직 구호는 시작도 안 했는데 이렇게 할 수 없다는 이야기부터 들리면 맥이 풀린다. 하지만 반드시 구할 수 있는 곳이 있음을 안다. 당장은 보이지 않지만 지금까지의 경험이 증거다.

석유통을 사기 위해 시장에서 내렸는데 쌀을 파는 곳을 발견했다. 물어보니 얼마든지 쌀을 구할 수 있다고 했다. 쌀을 구매하는 동안 다른 한 팀은 이재민들이 있는 장소를 확인했다. 곳곳에 이재민 캠프가 있었는데 사람들이 모여만 있을 뿐 구호품을 나누거나 별다른 대책이 있지는 않았다. 대부분 쓰나미로 인해 집에 들어갈 수 없는 사람들이었다.

이재민 캠프의 대표들과 만났다. 재난 구호를 다니면서 겪었던, 구호품을 나눌 때 서로 먼저 받으려다 일어나는 혼란스러운 상황을 이야기했더니 본인들이 목록을 작성해 분배를 도울 테니 구호품은 꼭 달라고 했다. 그래서 앤디(남, 45세)를 대표로 세워 이재민 목록을 만들고 구호품을 나누기로 약속했다. 한 이재민 센터에 들어갔을 때 책임자인 안서르(남, 42세)를 만났다. 이곳에서 관리하는 쉘터에 속한 이재민은 338가구였다. 인원으로는 2,000명이 훌쩍 넘었다.

"우리는 배가 고픕니다. 지진이 난 후 이 많은 이재민이 생겼는데 지금까지 지급받은 구호품은 정부에서 준 50kg 쌀 4포가 전부입니다."

인도네시아는 쌀 한 포가 50kg이다. 한 가정당 20kg 정도의 쌀을 나누기로 계획했다. '정도'라고 표현한 것은 10kg이나 20kg 포장을 빠른 시간 안에 하기 어렵다는 이야기를 듣고, 각종 크기의 양동이를 사서 거기에 쌀을 담아주기로 했기 때문이다.

구입한 구호품을 싣고 이재민들이 모여 있는 캠프로 향했다. 그리고 우리는 현지 경찰에 보호를 요청했다. 만일에 있을지 모를 소요 사태에 대비하기 위함이었다. 무려 30여 명의 경찰이 왔다. 10여 명이면 된다고 해도 이 정도 인원은 같이 움직여야 한다고 했다. 그런데 그들은 캠프에 도착할 때까지만 동행하고 막상 구호품을 나누려고 할 때는 그냥 가 버렸다. 물품을 나눌 때가 더 중요한데…. 우리 팀은 잠시 고민에 빠졌다. 혹시 구호품이 떨어져 소

인도네시아에는 오토바이가 1억 대 남짓 있다고 한다.
그만큼 몹시 일상화된 교통수단이다.
지진으로 피해를 입은 주민들이 오토바이에 넣을
기름을 구하려고 오랜 시간 대기 중이다.

요가 일어날까 걱정됐지만, 줄을 선 채 몇 시간째 구호품을 기다리고 있는 사람들을 두고 갈 수는 없었다. 하나님의 선한 도우심을 믿고 진행하기로 했다.

이재민들의 이름을 부르면 우리가 준비해 놓은 양동이를 하나씩 들고 나와 쌀을 받아 갔는데, 그 위에 추가로 1.5L 물 4병을 얹어 줬다. 시간이 무척 오래 걸리는 방식이긴 하지만 우리가 보는 가운데 나눠 주는 것이 가장 안전하고 확실해 그렇게 했다.

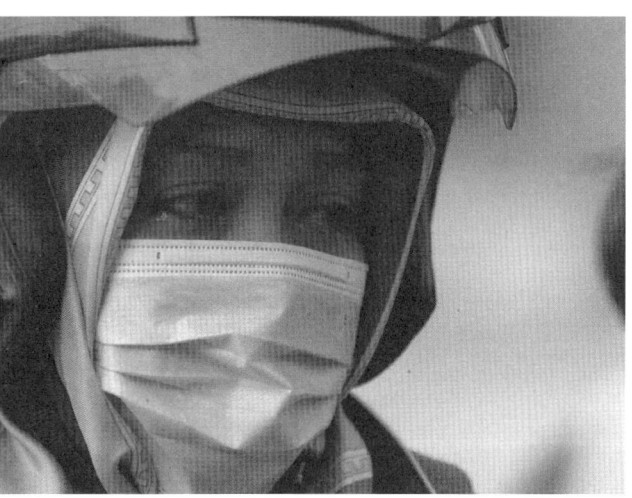

그런데 한 여인이 쌀을 받을 때부터 울고 있더니 물을 올려 줄 때는 통곡했다. 사연을 들어 보니 자신을 제외한 남편과 자녀들 모두가 이번 쓰나미에 부상을 입었다고 했다. 그렇게 아픈 가운데 있지만 오늘 이 구호품을 받는 것이 감사해 눈물이 난다고 했다. 누군가는 이 쌀과 물이 통곡할 만한 것이냐고 하겠지만, 재난 현장에서 마실 물과 먹을 식량 없이 며칠을 지내는 상황은 상상 이상으로 힘들고 두렵다.

어떤 사람은 자녀를 잃고, 어떤 사람은 남편을 잃고, 대부분 가족을 잃은 사연들이 가득했다. 재난 현장을 다니면서 아픈 사연을 수없이 경험하지만 솔직히 그런 중에도 마음으로는 '어떻게 효율적으로 구호할까?'를 생각하는 경우가 많았다. 그런데 나이가 들었나 보다. 이젠 그냥 눈물이 나서 함께 울어 버린다. "이제 그만 우세요."라고 한국말로 위로하는데 나도 계속 눈물이 났다. 이들의 고통이 그냥 너무 아팠다.

구호를 마칠 즈음 주민인 제이나우(남, 53세)가 다가와 이 구호품을 살 수 있도록 도움을 준 이들에게 "당신이 보내준 이 돈이 우리의 생명을 살렸습니다."라는 말을 꼭 전해 달라고 부탁했다. 긴급 구호를 하고 나면 사람들을 통해 앞으로도 이 일을 계속해야 하는 이유를 듣게 된다. 우리에게는 '교회 돈이 닿는 곳마다 살아난다'는 믿음이 있다. 이곳이 지금은 비록 무슬림으로 가득한 나라지만 곧 하나님이 살려 주시는 사람들과 나라가 될 줄 믿고 하나님께 감사드린다.

우리만의 스위트룸

여타 재난 구호와 달리 지진 구호를 하러 갈 때는 텐트가 필수품이다. 여진의 위험을 염두에 두고 안전을 고려해 외부에서 자야 할 때가 많기 때문이다. 팔루 지진 당시에도 서울에서부터 텐트 2개를 가지고 갔다. 현지에 남아 있는 호텔이 여진을 버틸 수 있을지 알 수 없었다.

우리 팀이 팔루에서 머문 곳은 'Hotel Jazz'(호텔 재즈)였다. 이름과 다르게 호텔의 기능은 못했고 외부에서 온 사람들에게 내부 공간을 내주고 있었다. 각국에서 온 방송국 사람들과 NGO 사람들이 대부분이었다. 오후 5시에서 오전 5시까지는 발전기를 돌려 전기를 사용하게 해 줬고, 저녁도 무료로 제공해 줬다. 매일 주는 것은 아니라고 했으나 우리 팀이 머무는 동안은 저녁마다 밥을 해 줬다. 이곳은 머무는 사람들의 기부를 받아 운영되고 있었고 우리 팀도 쌀 100kg을 기부했다.

첫날 아침 5시에 일어났다. 구호를 일찍 나갈 생각이기도 했지만, 밤새 더위에 땀을 흘리며 자다가 새벽이 되면 추워서 어쩔 수 없이 일어났다. 그래도 우리 팀 텐트는 이곳에서 스위트룸에 속했다. 출발 당시 홍철진 목사님이 "짐 무게 때문에 텐트를 하나 빼야겠다."는 이야기를 했었다. 잠시 고민하다가 "추가되는 무게의 값을 지불하고 모두 가지고 가자."라고 해서 챙긴 텐트였다. 아무래도 6명이 3인용 텐트에서 자는 것은 무리였고, 조금이라도 잘자야 다음 날 사역을 할 수 있을 것 같아 내린 결정이었다. 하지만 텐트 매트는 부피가 너무 커 못 가져왔고, 대신 침낭을 깔고 잤다.

우리를 제외한 유럽 등지에서 온 사람들은 바닥에 담요 한 장만 깐 채 자고 있었다. 대단하다는 말밖에 나오지 않았다. 이들의 이야기를 들어 보면, 그저 취재를 위해 다급하게 오느라 밖에서 잘 수 있는 장비를 챙겨 오지 못해 몸으로 감당 중이라고 했다. 심지어 지난밤에는 비가 왔는데 그들은 비를 피해 잠시 일어났다가 다시 축축한 바닥에 담요를 한 장 깔고 잤다. '서양 사람들은 우리와 신체 구조가 다른가?' 하는 의문이 들 정도였다.

구호를 마치고 숙소로 돌아와 어둠을 밝히는 희미한 불빛에 의지해 여러 가지 작업을 했다. 밥도 해 먹고, 씻기도 하고, 서울에서 우리 소식을 기다리는 분들을 위해 사진과 동영상 작업을 하고, 글을 썼다. 온종일 땀을 흘린 후 씻을 때면 행복했다. 씻을 수 있는 샤워실은 3개였다. 화장실과 함께 있어 일을 보고 물을 부어 처리한 후 샤워를 하기도 했다. 얼핏 봐도 머무는 사람이 50여 명은 되었는데 화장실 겸용 샤워실이 3개밖에 없으니 경쟁이 치열했다. 그중 한 개는 이미 변기 물이 넘쳐 사용이 불가능해졌다.

그렇게 씻고 나와도 곧바로 땀을 흘리기 때문에 새 옷으로 갈아입은 것이 소용이 없었다. 서양 남자들은 윗옷을 자주 벗고 다녔다. 더운데 나도 그렇게 하고 싶었다. 샤워하러 가면서 그날은 나도 윗옷을 벗고 순서를 기다렸다. 아직 어색하긴 했지만 아무도 나를 이상하게 보지 않았다. 앉아서 샤워 순서를 기다리는데 외국 기자들이 서서 기다리기에 자리를 좀 내주며 같이 앉자고 했다. 내 순서가 될 때까지 인디아에서 온 BBC 기자와 잠시 이야기를 나눴다. 내가 윗옷을 벗고 있다는 사실을 잠시 잊고, 자연스럽게 이야기를 나눌 수 있는 상황이 그냥 좋았다. 아마도 한국에서는 상상할 수 없는 모습이라 그랬던 모양이다.

샤워 후 글을 쓰면서도 시원한 그 상태로 다니다가 모기에 물려 다시 옷을 입었다. 덥고 습한 날씨에 윗옷을 벗으면 좀 시원했고 글도 더 잘 써지는 것 같았다. 그렇게 종일 다녀도 아무도 나를 쳐다보거나 신경 쓰지 않았다. 김영생 선교사님은 아무리 봐도 속내의 같아 보이는 것 하나만 입은 채 다니고 있었다. 여자들도 잠옷 바람에 그냥 다니고 있었다. 호텔 내 사생활의 구분이 없는 모습이었다.

감사하게도 호텔 재즈 마당에 자리한 스위트룸에서 잘 자고 일어났다. 아침은 커피와 과자였다. 프랑스에서 온 기자들이 우리 과자에 눈길을 두는 모습을 보았다. 과자를 나눠 줄지 물으니 과자 대신 커피를 좀 마시게 해 주면 소원이 없겠다고 했다. 우리는 홍 목사님이 서울에서부터 가져온 도구로 원두를 갈아 내려 주는 커피를 매일 아침 마셨다. 스위트룸에서만 할 수 있는 일이었다. 기자들에게 커피를 나눠 주자 세상을 다 가진 듯한 표정으로 감사를 전했다. 며칠 만에 처음 마시는 커피라며 갑자기 인터뷰를 요청했다. 아무리 라디오 방송이지만 자고 일어난 머리 그대로 인터뷰에 응하는 박주광 목사님의 모습이 우스꽝스러웠다. 그리고 오늘도 하나님이 길을 열어 주시길 기도하며 하루를 시작했다.

각자 자신의 생각대로

국내가 아닌 해외에서 긴급 구호를 할 때 겪는 어려움 중 하나는 의사소통 문제와 문화 차이다. 1, 2분이면 끝날 이야기를 오랫동안 해야 하는 경우도 있다. 도저히 이해가 안 되는 일도 그 문화 안에서는 일반적인 현상이라 받아들이고 참아야 하기도 한다.

언젠가 스리랑카에서 구호품을 싣고 떠나는 트럭에 현지 신학생들을 같이 태워서 보내는 일을 했다. 그런데 신학생들에게 해야 할 일을 설명하면, 표정은 분명히 이해한 것 같은데 계속 고개를 저었다. '이상하다. 이해한 것 같은데 계속 아니라고 하네. 내 영어가 이해가 안 되나?'라고 생각하며 다시 설

명했다. 역시 눈빛은 수긍하고 있는데 고개를 계속 저었다. 나중에 알았다. 고개를 젓는 행동이 알았다는 표현인 것을. 같은 설명을 반복하는 나, 알겠다는데 재차 설명을 들어야 하는 신학생들이나 얼마나 힘들었을까.

구호품을 전달하려다 보면 마음이 급하다. 이재민들을 만나 본 입장에서는 한시라도 빨리 식량을 전달해 주고 싶은 마음이 가득하기 때문이다. 그런데 관련된 모든 사람이 생각처럼 움직여 주지는 않는다. 재난 현장에서는 품귀 현상이 일어나 트럭을 구하기가 쉽지 않다. 그래서 트럭을 구하면 트럭 기사가 우리 팀과 같이 머물도록 해야 한다. 어디 다른 데로 가지 못하게 밥도 같이 먹고 잠도 같이 자야 한다.

팔루에서 간신히 5톤 트럭을 하나 구했다. 트럭 운전사가 우리 팀에게 필요한 트럭 한 대와 쌀 실을 사람을 찾아 오겠다고 나갔다. 그런데 함흥차사였다. 그사이에 작은 트럭 하나가 또 보이질 않았다. 간신히 연락이 닿아 어디 있냐고 하니까 트럭이 출발했던 사무실에 있다고 했다. 여기에 있으라고 했는데 왜 갔냐고 묻자 목적지로 가는 길 도중에 사무실이 있어서 우리가 출발할 때 나가려 했다고 본인 생각을 이야기했다. 그러면 여기 있는 구호품은 어떻게 실을 거냐고 묻자 "구호품을 실어야 해요?"라며 반문했다. 추가로 실을 물건이 있으니 다시 오라는 이야기를 20분 넘게 설명했다.

간신히 5톤 트럭 2대가 와서 쌀을 실으려는데 이번엔 쌀 매장 주인이 창고 열쇠가 없다고 1시간을 찾아 헤맸다. 알고 보니 창고 열쇠를 가진 사람이 이 시간에 있을 줄 알고 미리 연락하지 않았다고 했다.

구호품을 나누고 운전사에게 트럭에 남은 디젤유를 우리가 타고 다니는 차에 옮겨 달라고 부탁했다. 기름을 구하기가 어려워 남은 것도 귀하게 보관해야 했다. 그런데 호텔로 돌아오는 길에 디젤유가 보이지 않아 운전사에게 물었더니, 자기 생각에는 쌀집에 내려놓는 것이 좋을 것 같아 거기 내리라고 했단다. 쌀집에 내리는 모습을 확인했냐고 묻자 틀림없이 그랬을 것이라고 했다. 물론 후에 찾아간 그곳에 디젤유는 없었다. 각자 자기 생각에 좋은 대로 하는 이 가운데서 구호품이 이재민들에게 전달되는 것이 어찌 보면 기적이다.

선교사라고 처음 말했습니다

이슬람권이나 공산권에서 사역하는 선교사님들은 온라인 상에서의 글이나 전화 통화에서 자신이 선교사로 불리는 것에 부담을 느낀다. 사역지 여건상 감시가 있고, 그것 때문에 비자가 연장되지 않아 추방으로 연결될 가능성이 상존해서 그렇다. 긴급 구호를 하면서도 이런 사례들을 경험했다.

2006년 인도네시아 욕야카르타 긴급 구호 때 현지에서 선교사님을 만나 구호금에 대해 논의했는데 이를 현지 NGO에 전달하고 가는 게 좋겠다는 이야기를 들은 적이 있다. 선교사님들이 현지에서 신분이 노출되는 상황을 부담스러워하기 때문이었다.

한국기독교연합봉사단은 영문이 들어간 조끼를 두 가지 버전으로 만들었다. 하나는 "Korea Church Relief Team"이고 다른 하나는 "Worldwide Neighbors"다. 이슬람권으로 긴급 구호를 떠날 때는 두 가지를 다 가지고 간다. 감사하게도 현재까지 어떤 지역에서도 한국 교회에서 왔음을 문제 삼지 않았다. 그만큼 긴급 구호는 말 그대로 긴급하기에 현지에서도 특별히 거부하지 않았던 것 같다.

팔루 긴급 구호에서는 현지 사역자인 선교사님 두 분이 우리와 동행했다. 가는 곳마다 사람들을 만났고, 구호품을 전달했고, 감사 인사를 받았다. 선교사님이 현지에서 이렇게 여러 사람들에게 환영받는 일은 별로 없다. 그날도 한 이재민 캠프에 들어갔다. 구호품을 받는 사람마다 온갖 사연들로 가득했다. 가족 중에 누군가를 잃은 사람이 대부분이었고, 몸에 다친 흔적을 가진 사람들도 많았다. 그런 가운데 밝은 표정을 띤 얼굴은 참 해석하기 어렵다. 얼핏 보면 아무 피해도 없는 사람 같은데 이야기를 해 보면 가족을 떠나

우리에게는 교회 돈이 닿는 곳마다 살아난다는 믿음이 있다.
우리가 건넨 쌀은 단순히 쌀에 그치지 않는다.
이 쌀이 결국은 생명이 되리라 생각한다.

보낸 경우가 대다수였다.

두 사람씩 짝을 지어 쌀 50kg을 나누어 가지도록 설명했다. 전날 쌀을 산 집에 10kg 단위로 나눠 달라고 부탁했는데 당일 가 보니 그대로 50kg에 담겨 있어 이렇게 나누기로 했다. 라면 40개가 들어 있는 상자도 하나씩 나누어 주었다. 그리고 계란도 추가로 샀다. 구호품을 나눠 주던 김영찬 집사님이 "이재민들이 이걸 다 어떻게 들고 가죠?"라며 걱정했다. 내가 웃으며 "아직 한 번도 양이 많아 가져가지 못하는 걸 본 적은 없습니다."라고 이야기했는데, 역시 다들 무슨 수를 써서라도 들고 간다.

이곳에서 구호품을 나누기 전에 인사말을 했다. 우리가 한국 교회에서 왔다는 것과 지금 통역하는 사람들이 선교사라는 것도 말했다. 현지인들이 감사하다며 손뼉을 쳤다. 인사말을 통역했던 권동용 선교사님은 인도네시아에 와 처음으로 대중 앞에서 자신이 선교사임을 밝혔다며 감격스러워했다. 선교사가 선교사라고 마음껏 이야기하지 못하는 그 마음이 오죽하랴. 긴급 구호는 하나님을 마음껏 드러낼 좋은 기회다. 이 시간을 통해 사람들의 마음에 하나님의 사랑이 깊이 각인되길 기도한다.

그래도
우리는
떠납니다

5
쌀을 들고 춤추는 사람들,
아이티 제레미

길을 막고 손을 내밀다

2016년 10월 11일, 긴급 구호팀 6명은 태풍 매슈의 피해를 입은 아이티에 도착했다. 공항에 도착하자마자 5인승 경비행기를 구한 우리는 곧바로 이번 태풍의 가장 큰 피해 지역 중 하나인 제레미로 이동했다. 우리가 경비행기를 타고 이동하는 데는 이유가 있었다. 2010년 아이티로 지진 긴급 구호를 왔을 당시, 차로 이동할 때마다 생명의 위협을 느꼈던 경험이 있기 때문이다. 게다가 평소 같으면 차로 6시간이면 가는 거리를 이번 태풍으로 도로가 파손된 까닭에 이동하는 데 얼마나 걸릴지 몰라 시간을 절약하려는 의도도 있었다.

먼저 보냈던 구호품을 통해 현 상태로는 차로 16시간이나 걸린다는 것을 알게 되었다. 이동 시간을 8시간으로 계산해, 새벽 4시에 수도인 포르토프랭스에서 구호품을 출발시켰는데 실제로 구호품이 도착한 시각은 저녁 8시경이었다. 트럭 3대가 출발했는데 한 대는 목적지를 바로 앞에 두고 고장이 나 더는 갈 수 없게 되었다. 고장 난 트럭을 길가에 세우고 구호품을 다른 트럭에 옮겨 실어야만 했다. 그러는 동안 인근에 위치한 마을의 주민들이 몰려와 "우리도 구호품을 달라." 하며 간청했다고 한다.

경비행기가 5인승이라 우리 팀은 1진과 2진으로 나누어 제레미로 출발했다. 먼저 도착한 1진이 2진을 기다린 장소는 공항 근처 '라빈사불'이라는 마을이었다. 이 마을 한적한 곳에 선교 센터 'Pure & Hope for Transformation'이 있다. 우리 팀과 제레미 구호 사역을 함께하기로 한 예수전도단 출신 쥐드 형제가 이 선교 센터의 책임자였다. 그는 가족과 센터에 살면서 지역 주민들을 섬기고 있었다. 1진이 공항에 도착해 그곳에서 2진을 기다리겠다고 하자 쥐드 형제는 우리를 선교 센터로 안내했다. 제레미 공항은 이름만 공항이지 우리나라의 1970년대 시골 버스 터미널을 연상시켰다. 쥐드 형제는 2진까지 모두 도착하자 닭을 튀겨 아이티식으로 최고의 식사를 대접했다. 재난 구호 현장에서 닭튀김을 먹다니, 감격스러웠다.

선교 센터에서 구호품을 분배하기로 하고, 우리는 다시 팀을 둘로 나눠 한 팀은 트럭을 맞으러 가고 다른 한 팀은 쥐드 형제와 함께 이재민들에게 소식을 전하기 위해 이동했다. 우리에게도 구호품을 달라고 길을 막으며 시위를 하던 이재민들에게 "당신들 모두에게도 구호품을 나누기로 했다."는 기쁜 소식을 말이다. 그들을 다시 찾아갔을 때 통행 재개를 위해 출동한 경찰이 최루탄을 쏘며 현장을 진압하고 있었다. 이런 와중에 우리가 마을 사람 모두에게 구호품을 나눠 주겠다고 하자 주민들이 성난 얼굴에 미소가 번지며 "Merci."(감사합니다)를 연발했다. 그리고 마을을 돌며 이재민들에게 구호품을 받으러 선교 센터로 오라고 말한 뒤 복귀하니 이미 많은 주민이 도착해 있었다.

늦은 저녁, 구호품을 나누는 마을은 그야말로 축제의 장이었다. 트럭을 가득 채운 구호품을 나누기 위해 마을 청년들이 자발적으로 나와 물품을 내리기 시작했다. 먼저 트럭 한 대에서 티셔츠를 내리는데, 트럭에 쌓인 물건이 다 옷이라는 것을 안 현지인들의 표정이 급격히 어두워졌다. 말소리가 줄어들더니 얼굴에 '먹을 것이 아니야.'라며

어둠 속에서도 구호품을 나누는 마을은
그야말로 축제의 장이었다.
쌀을 본 사람들은 손을 높이 들고 함성과 함께 춤을 췄다.

아쉬워하는 기색이 역력했다.

그렇게 마당 한가득 티셔츠를 내려놓고 다른 트럭에서도 물건을 내렸다. 이번에는 옷이 아니라 쌀이라는 것을 물건을 내리던 사람이 알려 준 모양이었다. 순간 마을 사람들이 "쌀이다!" 하고 환성을 질렀다. 그러더니 손을 높이 들고 함성과 함께 춤을 췄다. 전혀 예상치 못한 반응을 보며 이들에게 쌀이 어떤 의미인지 알 수 있었다. 신나게 춤추는 그들의 모습을 보면서 우리 팀원들의 몸도 저절로 들썩였다. 춤추지 않고서는 견딜 수 없는 분위기였다. 마을에 얼마나 강력한 바람이 불었던지 잎 하나 붙어 있는 나무를 찾아보기 어려웠다. 이런 재난 지역에서 기쁨의 축제가 벌어졌다.

우리 팀이 구호품을 나눈 곳은 제레미 공항 근처에 있는 라빈사불이라는 마을이었다. 많은 구호품이 공항을 통해 들어오는데 항상 이 마을은 통과만 해 주민들이 길을 막아서는 일도 있었다고 한다. 그만큼 구호품이 간절한 마을이었다. 우리 팀이 전해 준 구호품이 이들에겐 재난을 당하고 처음 잡은 손이었다. 쌀 30kg 1,000포, 옥수

수 25kg 100포, 아이티에서 사업을 하는 퍼시픽 스포츠에서 기증한 티셔츠 2만 장, 밥에 반드시 넣어 먹어야 하는 식용유 1,000개, 그 외 여성용품, 비누 등을 나눴다. 쌀 30kg은 5인 가족이 한 달 동안 먹을 수 있는 식량이다. 티셔츠는 온 마을 사람들에게 1인당 3벌씩을 주었다. 때아닌 쇼핑의 시간이 되어 옷을 고르며 기뻐하는 주민들을 보니 흐뭇하면서도 마음이 짠했다.

구호품을 받은 귀스타브(여, 29세)는 "이렇게 먼 한국에서 직접 우리를 찾아와 도움을 줘서 감사합니다. 이제껏 많

은 도움의 손길이 제레미에 왔었지만 우리 마을이 도움을 받은 것은 처음이라 무척 행복합니다."라고 했다. 구호품을 받아 들고 행복해하는 많은 사람의 모습을 보면서 어려운 가운데서도 하나님의 사랑과 소망이 있음을 발견할 수 있었다.

재난은 불행하고 힘든 시간이다. 그래서 없으면 훨씬 더 좋을 것 같다. 그러나 그런 중에도 소망은 있다. 특별히 그들이 가 본 적도 없고 생각해 본 적도 없는 먼 나라, 대한민국의 교회가 그들을 기억하고 왔다는 사실이 그들에겐 기적이고 세상에서 경험하지 못한 사랑이다. 이 사랑을 알리기 위해 오늘도 한국 교회는 힘을 다하고 있다.

키 큰 목사님

아이티는 우리의 일상에서 전혀 존재감이 없던 나라였다. 2010년에 발생한 강력한 지진으로 막대한 인명 피해를 보아 우리에게 알려지기 전까지는 그랬다. 그로부터 6년이 지난 2016년, 이번에는 태풍 매슈로 인해 900명이 넘는 사망자와 6만 명이 넘는 이재민이 발생했다는 소식을 들었다. 사실 아이티는 2010년 구호 당시 생명의 위협을 많이 느꼈던 나라인 터라 의지적으로는 다시 가고 싶지 않았다. 하지만 큰 재난을 당한 현장을 외면할 수는 없었다. 항공료가 비싼 나라였지만 이번에는 안전을 고려해 인원을 조금 늘려서 출발했다.

조현삼 목사님, 이사야 집사님, 홍철진 목사님, 박주광 목사님, 백형철 전도사님, 대부분 긴급 구호 숙련가들이었다. 구호 경험이 많진 않았지만 불어권 국가에서 선교사로 사역했던 백 전도사님은 프랑스어를 사용하는 아이티

재난은 불행하고 힘든 시간이다.
그래서 없으면 훨씬 더 좋을 것 같다.
그러나 그런 중에도 소망은 있다.

에서 큰 힘이 되었다. 현장에 도착하면 각자 역할이 주어지고 현지인 사역자들과 손발을 맞추게 된다. 현지인들과 사역을 같이하면서 한 가지 어려운 점은 서로 얼굴과 이름을 일치시키는 데 시간이 꽤 오래 걸린다는 것이다. 그래서 누군가를 찾을 때면 말을 한참 더듬고서야 한 번 부를 수 있었다.

구호 물품을 내리는데 현지인 스태프가 현장에 없던 나를 찾았다. 아직 'Pastor Lee'(이 목사님)를 기억하지 못하는 시점에 나를 찾으려니까 신체적 특징을 설명해야 하는데, '키 큰 목사님'을 찾았다고 팀원들이 웃으며 전했다. 참고로 내 키는 가장 최근에 한 건강검진에서 170.8cm가 나왔다. 함께 간 목사님들 중 누구도 자신의 키를 정확히 밝히지 않았지만 나보다 작은 것은 확실하다. 한국에서 온 구호팀 일행 중 나는 키가 가장 큰 사람이었다. 청소년기를 지나면서 지금보다 키가 5cm 더 크는 것이 소원이었다. 긴급 구호를 열심히 하다 보니 하나님이 나를 키 큰 목사로 만들어 주시는 날도 있었다.

여기가 아닌가벼

어릴 적 친구들과 '나폴레옹 시리즈'로 장난을 치며 웃은 기억이 아직도 또렷하다. 그중 한 이야기는 이랬다. 나폴레옹이 적진을 향해 진격하고 있었다. 그의 부하들은 혹한 속에서도 적의 격렬한 저항을 뚫고 고지를 점령해 냈다. 그런데 적진을 돌아본 나폴레옹이 부하들에게 한마디 했다.

"여기가 아닌가벼."

그 말을 들은 부하들은 모두 바닥에 주저앉고 말았다. 나폴레옹은 다른 고지를 가리키며 공격을 명령했다. 군대는 처절한 사투 끝에 다시 적진을 탈환

했다. 적진을 돌아본 나폴레옹이 또다시 입을 열었다.

"아무래도 아까 거기가 맞는가벼."

이 말을 들은 부하들은 모두 기절하고 말았다.

앞서 언급했듯이 2016년 아이티에 도착한 우리는 제레미로 이동하기 위해 경비행기를 빌렸다. 경비행기는 5인승이었는데 짐도 실어야 해서 일행을 둘로 나눠야 했다. 경비행기가 1진을 목적지에 내려놓고, 다시 2진을 싣고 같은 장소에 착륙하기로 했다. 이렇게 가면 20분이면 도착할 거리를, 차를 타면 거의 16시간이 넘게 걸렸다.

1진을 태우고 떠난 비행기가 늦어도 30-40분 후면 온다고 했는데 1시간째 도착하지 않아 은근히 걱정되기 시작했다. 다행히 1시간이 조금 넘었을 즈음 비행기가 돌아와 2진을 싣고 출발했다. 목적지인 제레미 공항에 내리려는데 살짝 불안했다. 하늘에서 내려다본 공항에는 관제탑도 없었고, 활주로는 비포장이었다. 염려와 달리 안전하게 착륙해서 1진을 만났다. 그리고 그제서야 경비행기가 왜 늦게 왔는지 그 이유를 알게 되었다.

1진을 태우고 10여 분 만에 비포장인 어떤 광장에 착륙했단다. 곧이어 조종사가 주위를 살피더니 "I landed in the wrong place."(다른 곳에 착륙했네)라 말했다고. 이 이야기를 들은 팀원들이 동시에 "여기가 아닌가벼."라고 탄식했다고 한다. 경비행기는 착륙한 곳에서 바로 회전을 해 이륙했고 원래 가려던 제레미 공항에 정확히 내렸다. 목적지를 잘못 찾아도 바로 되돌아갈 수 있는 환경은 좋은 것일까, 나쁜 것일까? 잘 구별이 되지 않았다.

그래도
우리는
떠납니다

6
모든 집이 무너진 동네,
네팔 신두팔촉

처음 찾아온 사람들

2015년 4월, 네팔에 큰 지진이 일어났다. 네팔은 전에도 사역 때문에 두 차례 다녀온 적이 있었다. 방문할 때마다 많은 지역을 다녀서 그런지 방향 감각이 뛰어나지 않음에도 이번 구호에서는 어느 지역으로 가야 할지 금방 감을 잡을 수 있었다. 다만, 수도인 카트만두에서 다른 지역으로 빠질 때 이용하는 그 험한 길만큼은 사실 다시 가고 싶지 않았다. 늦은 밤 목숨을 걸고 그 길을 이동했던 기억이 아직도 생생한데 다시 그 길을 지나야만 하다니. 구호품을 구하고 지진 피해가 가장 컸다고 알려진 신두팔촉이라는 마을로 향했다. 우리 팀이 탄 버스와 구호품을 가득 실은 트럭 4대가 동시에 출발했다. 사실 지진이 난 길은 매우 험하고 위험해 버스를 타고 가면 안 된다. 그런데도 이렇게 이동하기로 한 것은 현지 목회자와 청년들이 본인들도 이

재민들을 돕고 싶다며 동참해 인원이 많아져서다. 차량 5대에 붙여진 "힘내세요! 한국 교회가 함께합니다."라는 플래카드가 네팔 땅에서 어려움에 처한 이웃을 위로하고 싶은 우리의 마음을 그대로 대변했다. 함께 간 현지 봉사자

들만 21명이었다. 대부분 영어와 한국어를 곧잘 하는 청년들이었다. 꼭 가보고 싶은 나라 목록에 한국이 있다고 했다.

차량 5대가 함께 움직이기 위해 몇 차례 가고 서기를 반복하다 경찰 체크 포인트에서 멈췄다. 우리 팀이 현장에 가려면 반드시 군인들이 동행해야 했다. 과거 구호 물품을 나누다 사고가 나는 바람에 내려진 조치였다. 체크 포인트에 있는 경찰들 말로는 군인들이 30분 안에 올 것이라고 했다. 그러나 30분이 지나도 기다리는 군인들은 오지 않았다.

그때 옷은 허름해도 품위 있고 당당해 보이는 한 사람이 차에서 내렸다. 지역 국회 의원이 지나가다 우리 팀을 보고 멈춰 선 것이었다. 그는 우리의 계획을 듣더니 감사를 표하고 자신은 약속된 회의 때문에 못 가지만 운전사가 길을 안내해 주도록 조치하겠다며 친절을 베풀었다. 우리 팀도 고마움을 느끼고 기쁜 마음으로 떠나려 했지만, 경찰들은 군인들이 와야 갈 수 있다며 10분만 더 기다려 달라고 했다. 이미 기다린 지 2시간이 넘은 오후 3시 무렵이라 모두 상당히 지쳐 있었다. 다시 10분이 지났지만 군인들은 여전히 오지 않았다. 함께 기다려 주던 국회 의원이 더 늦으면 어두워져 위험하니 얼른 떠나라고 거들었다. 결국 국회 의원의 채근과 우리 팀의 호소로 경찰의 보호 아래 현장으로 출발했다.

1시간 30여 분을 더 달리니 피해 지역이 하나둘 눈에 들어왔다. 신두팔촉 지역의 일부인 바라비즈에 도착했다. 카트만두에서 동북쪽으로 약 86km 위치에 자리한 이곳은 차로 통행이 가능한 마지막 마을이다. 얼핏 보기엔 작은 규모였지만 치안을 책임지는 경찰과 마을 대표를 만나 보니 2,000가구 정도가 사는 꽤 큰 마을이었다. 한눈에 봐도 피해가 상당했음을 알 수 있었다. 마

모든 이재민에게 구호품을 주고 싶었으나 식량이 부족했다.
경찰, 공무원, 마을 대표와 카트만두로 향했다.
그리고 쌀 1,000포를 트럭에 싣고 다시 신두팔촉으로 출발했다.

을 대표와 구호품 분배에 대해 상의한 후 모든 가구에 빠짐없이 구호품을 나눠 주기로 했다. 이 사실을 구호품을 받기 위해 나와 있던 주민들에게 이야기했더니 감사의 박수를 보냈다.

마을 사람 중 유독 어렵다는 몇 가정을 먼저 방문했다. 마을 대표가 몇 집을 이야기하면서 "정말 어려운 가정이니 구호품을 직접 전달하고 위로해 주셨으면 좋겠습니다."라고 했다. 그들에게 조금이라도 위로가 된다면 기꺼이 그렇게 하고 싶었다. 방문한 집에서 목발을 짚은 한 남자와 눈이 마주쳤다. 그에게 구호품을 전달한 후 사정을 물었다. 집이 무너지는 순간 2층에서 1층으로 뛰어내리다 다쳤다고 했다. 그가 유창한 영어로 덧붙였다.

"한국 교회가 우리 마을에 처음으로 온 구호팀이고 이것이 우리가 받는 첫 구호품입니다."

이 지역 이재민들에게 우리는 재난 후 처음 찾아온 사람들이었다. 그날 가져간 구호품이 쌀 25kg 400포, 30kg 400포였다. 모든 이재민에게 구호품을 주고 싶었으나 가구 수보다 식량이 부족했다.

경찰, 공무원, 마을 대표 총 3명이 우리 팀과 함께 늦은 밤에 카트만두로 이동했다. 그리고 쌀 1,000포를 6톤 트럭 5대에 싣고 다시 신두팔촉으로 출발했다. 쌀을 구하고 나니 어느새 새벽 2시 20분이었다. 신두팔촉 상황을 보니 다른 지역에도 쌀이 많이 필요하겠다는 생각이 들었다. 지진이 난 시기는 이미 며칠 지났지만 사람들에겐 먹을 양식이 없었다. 그 새벽에 쌀을 좀 더 구했다. 현지 상인들도 이재민들의 상황을 알고 새벽까지 식량을 모아 준 덕에 추가로 2,000포를 확보했다.

두어 시간을 자고 일어나니 신두팔촉에서 현지인들을 섬기는 최지애 선교사님이 우리를 기다리고 있었다. 어제 우리가 마을 6곳에 쌀을 나눠 주었다는 소식을 듣고 찾아왔다고 했다. 최 선교사님은 현지인 사역자들과 함께 쌀 30kg을 15kg씩 나눠서 지진 피해를 본 900가정에 전달하고 싶은 소망을 말했다. 그곳에 있는 900가정도 먹을 것이 없어 굶고 있다며 안타까운 마음을 담아 부탁했다. 큰 트럭은 들어갈 수 없는 지역이라 3톤 트럭 3대에 쌀 500포를 실어 보냈다.

그 후 우리 팀은 부지런히 또 다른 피해 지역인 고르카로 향했다. 카트만두에서 출발해 온종일 달렸지만 중간중간 끊긴 도로 위를 이동하기가 쉽지 않았다. 어쩔 수 없이 하룻밤을 자야 해 무글링이라는 지역에서 텐트 칠 만한

장소를 구했다. 돈과 식량을 가지고 있어 안전한 장소가 필요했다. 경찰서로 들어가 이곳 마당에서 천막을 치고 하룻밤을 머물 수 있는지 물었고, 기꺼이 허락을 받았다. 다음 날 새벽 4시에 일어나 고르카로 출발한 우리는 일출을 보며 마을에 도착했다.

사람의 발길이 닿기 어려운 지역에는 헬리콥터를 활용해 크래커와 생수 등의 구호품을 전달했다. 쌀도 헬리콥터로 산간 마을에 전달하려 했지만, 한 번에 200-300kg밖에 싣지 못하는 소형 항공기라 육로를 이용하기로 했다. 우리가 가져간 쌀 1,000포 중 600포는 고르카에서 3시간 거리에 자리한 아르갓에 보내기로 했다. 아르갓으로 가는 길이 지진으로 많이 손상된 상태라 트럭이 쌀 200포(6톤)를 실은 상태로는 갈 수 없어, 트럭 3대에서 절반을 내려 트랙터 3대에 각 100포씩 옮겨 실었다. 그리고 바러플교회를 담임하는 멍걸 전도사님과 성도 1명이 아르갓에서 쌀을 구하러 온 공무원 2명의 안내를 받으며 식량을 전달했다. 비렌촉 마을과 일레분킬로 마을에도 고르카 현지 교회인 비나엘교회(담임 프렐라마 목사)를 통해 지진 피해를 당한 320가정에 쌀 한 포씩을 건넸다.

산에 자리한 고르카 마을에서 집이 무너진 80가정을 발견했다. 우리는 쌀을 가지고 마을로 올라갔다. 차로 15분 정도 올라가자 모든 집이 전파된 동네가 나왔다. 쌀을 전산에 자리한 마을에서 집이 무너진 80가정을 발견했다.
쌀을 가지고 더 깊숙이 들어갔다.
차로 15분 정도 올라가자 모든 집이 전파된 동네가 나왔다.

달하는 동안 홍철진 목사가 현장 사진을 찍었는데 한 아주머니가 연신 눈물을 글썽이며 감사를 표했다. 이곳에서 다섯 식구가 살았는데 4명은 사망했고 자신만 홀로 남았다고 했다. 이런 와중에도 먹고살기 위해 식량을 받는 자신의 모습과 구호품을 받는 것에 감사하는 마음이 교차해 눈물이 흐른다고 했다. 홍 목사님이 들고 있던 카메라를 내려놓고 그녀를 꼭 안아 주었다.

식량을 나누던 중 전화를 한 통 받았다. 카트만두에서 쌀을 샀던 가게의 도매상이었다. 인도에서 수입한 쌀을 신고 다딩을 경유해 카트만두로 오는 대형 트럭이 있다고 했다. 우리 팀은 급히 고르카에서 다딩으로 이동해 대형 트럭에 실린 쌀 전량, 약 700포를 인수했다. 이 쌀은 현지 교회 지도자들을 통해 이재민들에게 빠르게 전달됐다.

지난 3일을 어떻게 보냈는지 모르겠다. 쌀을 싣고 내린 기억만 잔존한다. 서울에서부터 함께 간 봉사 대원인 이민주 집사님이 "제가 그동안 힘든 일을 수없이 해 봤지만 이번처럼 힘든 적은 없었습니다."라며 고생한 기쁨(?)을 표현했다. 체력적으로 한계를 넘는 일정이 계속됐다. 마음이 급해서였다.

혼자만 살겠다고

네팔 지진으로 긴급 구호팀이 출동할 때 서울광염교회에서 함께 사역하는 박주광 목사님이 일원으로 처음 참여했다. 그리고 현지에 있는 탁정희 선교사님이 사전에 정보를 찾아 카트만두에 위치한 비교적 안전한 호텔을 예약했다. 카트만두는 지진 피해도 적었고 여진도 강하지 않아 호텔에 체류하는 데 문제가 없을 것으로 판단했다.

카트만두에 도착해 하루를 자고 일정을 시작하기 위해 조식을 먹으며 이야기를 나누던 중이었다. 그때 여진이 발생해 식당이 흔들렸다. 다른 팀원들은 자연스럽게 식사를 이어 가며 대화를 나누는데 박 목사님이 어딜 나갔다가 자리로 돌아왔다. 여진이 시작되는 순간 이미 식당 문 앞까지 갔던 것인데, 박 목사님은 처음 겪는 여진이라 몸이 자연스럽게 반응했다고 변명(?)을 했다. 내가 웃으며 한마디 했다.

"혼자 살려고?" 긴급 구호를 처음 온 사람에겐 당연히 당황스러운 일이지만, 덕분에 여진 속에서도 즐겁게 웃을 수 있었다.

이름도 없이 동참하다

우리는 네팔에서 쌀을 많이 샀다. 다른 구호품을 빼고 쌀만 118톤을 구매해 나눴다. 그만큼 현장에서 쌀의 필요성과 긴급성이 있었다. 이 많은 물량을 온전히 우리 팀원들만 싣고 내릴 수는 없었다. 그렇다고 기계의 도움을 받을 만한 여건도 되지 않았다. 모두 사람의 손을 거쳐야 했다. 재난이 많이 일어나는 지역은 안타깝게도 대체로 가난한 지역이고, 때문에 일자리 역시

적다. 그래서인지 주변에 젊은 사람들이 자주 돌아다닌다. 우리는 이 젊은 사람들을 불러서 일을 부탁한다. 일자리가 없는 상황에서 돈을 주고 일을 부탁하니 기꺼이 수긍한다. 이렇게 일한 현지인들에게는 현지에서 주는 일반적인 임금보다 더 주려고 한다.

네팔에서도 그랬다. 쌀을 구입하고 옆에 있는 사람들에게 일을 부탁했다. 많은 사람이 와서 일하고 약속된 임금을 받아 갔다. 이들은 일하다가 본인들이 지금 어떤 일을 하고 있는지 알게 되었다. 한국에서, 교회에서 재난을 당한 자신의 나라를 돕기 위해 온 것임을 알게 되었다. 돈을 안 받고 돕겠다는 사람이 의외로 늘어났다. 구호 창고에 와서 돈을 받고 일하기로 하고는 돈을 받지 않고 돌아간 후 다음 날 다시 와서 구호품 나르는 것을 도와주기도 했다. 연약해 보이는 사람들도 무거운 물건을 번쩍번쩍 들면서 해맑은 미소를 지었다. 땀을 흘리면서 우리 팀에게 계속 고맙다는 인사를 했다. 그들은 고통에 처한 자신의 이웃을 그들만의 방식으로 섬기며 동참하는 긴급 구호팀이었다.

2부

때때로
무모한 개척자가 되기도 한다

그래도 우리는 떠납니다

1
온 힘을 다해 물을 가르며,
태국 방콕

마치 수중 도시 같았다

전 세계 어느 곳에서든 큰 재난이 발생하면 그 소식은 대개 우리에게 곧바로 들려온다. 태국의 수도인 방콕에 난 홍수는 그런 점에서 이례적이었다. 큰 재난이 일시에 발생하지 않아 소식을 알지 못했는데, 알고 보니 홍수로 인해 방콕이 한 달 정도 물에 잠겨 있었다. 현지에 있는 선교사님 몇 분이 봉사단에 태국을 도와 달라는 메일을 보내왔고, 비로소 그곳에 이런 어려움이 있다는 사실을 알게 되었다.

2011년 10월, 태국 전체가 홍수로 큰 어려움에 빠졌다는 소식을 듣고 현지에 있는 사람들을 통해 여러 가지 정보를 수집했다. 공통적인 이야기는 "이 수해가 얼마나 갈지, 어디로 갈지 알 수 없다."는 내용이었다. 재난 구호를 떠나기 위해서는 구호팀의 안전도 고려해야 하기에 현지 사정을 필수적으로 확인해야 한다. 내부 논의를 거친 후 일단 곧바로 태국에 들어가기로 했다. 공항이 폐쇄되기 전에 도착하는 것이 좋겠다는 생각에서였다. 그리고 공항에 도착한 우리 팀은 눈앞에 펼쳐진 광경에 깜짝 놀랐다. 방콕 시내의 꽤 많은 지역이 물에 잠겨 있었다. 마치 수중 도시와 같았다.

우리가 도착한 시점에 이미 보름째 물에 잠겨 있었는데 다른 곳으로 갈 수도 없는 상황이라 마을 사람들이 물 위에서 그대로 생활을 하고 있었다. 그런데 마을에 들어갈 방법이 마땅치 않았다. 물론 노를 젓는 배는 빌릴 수 있었지만 이런 배는 크기가 작아 구호품을 몇 개밖에 실을 수 없었다. 현지 사역자인 윤명호 선교사님에게 모터 배를 빌릴 수 있는지 물었더니 어딘가 연락을 해 보겠다고 했다. 태국 기독공직자회가 있는데 그곳에 방법이 있을지 알아보겠다는 이야기였다.

태국 기독공직자회에 별 5개(원수)로 예편한 해군 제독 출신의 차이라는 사람이 있는데 그 자신도 수해 피해로 피난 생활을 하고 있었다. 이재민 센터에 있는 그와 그의 가족을 만나 위로금과 구호품을 전달했다. 아내분이 얼마 안 되는 구호품에 눈물을 보였다. 재난은 이렇게 모든 사람을 약하고 작은 관심에도 눈물을 보이게 만드는 모양이다.

차이의 소개로 육군 소장 한 분을 만났다. 그는 자신이 제일 존경하는 사람이 차이 장군이라고 했다. 우리는 육군 트럭이 필요하다고 이야기했다. 수해가 난 지역 바로 전까지 구호품을 날라 줄 트럭이 필요했다. 알아봐 주겠

구호품은 받는 사람도 그렇지만 전하는 우리에게도 감동이 크다.
이곳에 어떻게 구호품을 전달할지 기도하며 고민했는데
하나님께서는 물 위에도 길을 내셔서
어려움 당한 이웃을 도울 수 있도록 인도하셨다.

다는 약속을 받고 숙소로 돌아오는데 그 길에 연락이 왔다. 구호품을 나눌 트럭 2대와 군용 보트 2대를 사용할 수 있도록 내주고 도와줄 병사들까지 지원해 주겠다는 내용이었다.

이야기를 들어 보니 보트가 더 있기는 한데 비용 문제 때문에 2대밖에 사용할 수 없다고 했다. 그래서 보트 대여비는 우리가 부담할 테니 나머지도 함께 사용하게 해달라고 부탁했고 흔쾌히 허락을 받았다.

운송 편이 준비될 수 있다는 사실에 구호품을 준비하는 마음이 훨씬 가벼워졌다. 시내 상점 진열대는 대부분 텅 비어 있었지만 현지에 있는 국제 NGO를 통해 알아보니 구호품을 구할 수 있는 곳이 있었다. 500밧(한화 약 2만 원)에 쌀 5kg, 통조림 5개, 칫솔, 치약, 비누, 라면, 죽, 빵, 식용유, 물, 플래시를 한 세트로 만들기로 하고, 한 업체에서 900여 개 세트를 만들어 주기로 했다.

이렇게 구한 구호품은 현지에서 재난을 담당하는 기관에 보낼 수도 있다. 하지만 우리 팀은 이 방법은 사용하지 않는다. 이재민에게 직접 전달하는 것을 원칙으로 하고 있다. 구호품이 구호 기관으로 가면 이재민 전체에게 나눌 수 있는 충분한 물량이 확보되기 전까지 보관하는 경우가 많다. 이재민들에게는 구호품 하나가 긴급한데 말이다. 물량이 부족해서 모든 이재민에게 주지 못하는 일이 생기면 물품을 받지 못한 사람들로부터 비난을 받기 때문에 어쩔 수 없는 일이기도 하다.

제일 어려운 이들은 물이 가득 차서 보름씩 물이 빠지지 않고 있는데 다른 곳으로 이동하지도 못해 그곳을 그냥 지키고 있는 사람들이었다. 그래서 구호품을 운반할 트럭과 보트가 중요했다. 군용 트럭에 구호품을 싣고 간 후 침수된 마을에는 보트로 옮겨 구호품을 나누기로 했다. '아, 이게 과연 가능할까?' 하는 마음이 들기도 했지만 하나님이 가능하게 해주셨다. 구호품을 받는 이마다 어려운 가운데도 환하게 웃으며 감사의 마음을 전해 오는 것을 보니 참 좋았다.

그렇게 구호품을 거의 다 전달했는데 30m 앞에서 온 힘을 다해 물을 가르며 오는 여인이 보였다. 태국 현지 목사님이 큰 소리로 "구호품이 다 떨어졌습니다!"라고 외치자 얼굴을 가리면서 물속으로 풀썩 주저앉을 듯 낙심하는 모습이 보였다. 그 모습에 우리 팀이 일제히 소리 높여 "아직 남아 있습니다! 이리 오세요!"라고 외쳤다. 이야기를 들어 보니, 보트가 들어오는 것을 보고 이를 좇아 30분 동안이나 물속을 걸어 겨우 도착했는데 구호품이 떨어졌다는 이야기를 들으니 맥이 풀리며 울음이 터졌다고 했다.

구호품은 받는 사람도 감동이지만 전해 주는 우리에게도 감동이 크다. 이곳에 어떻게 구호품을 전달할지 기도하며 고민했는데, 하나님은 물 위에도 길을 내서서 어려움 당한 이웃을 도울 수 있도록 인도하셨다.

우리 팀의 수고와 헌신을 본 차이 장군과 태국 전 상원 의원인 깜쫀 박사의 요청으로 당시 태국 총리였던 잉락 친나왓과의 만남이 예정되어 있었다. 당일 잉락 총리의 일정 변경으로 그녀를 만나지는 못했지만, 부총리와 기술부 장관을 만나 이야기를 나누었다. 정부 관계자들은 방콕이 오랫동안 물에 잠기자 당황했다며 구호팀의 여러 조언을 귀담아들었다. 수많은 현지 기자가 이 모임을 취재해 한국에서 온 봉사단이 이재민들을 도왔다는 사실로 태국 뉴스를 채웠다.

군용 트럭의 배웅

방콕 수해 긴급 구호팀이 숙소로 정한 곳은 방콕 논타부리 지역에 있는 마하나컨교회였다. 윤명호 선교사님을 통해 세워진 현지인 교회다. 이 지역은 침수로 폐쇄됐다고 보도된 돈므앙 공항 인근에 해당한다. 비록 교회 인근 지역은 침수되었지만 가장 안전한 곳이라 판단되어 숙소로 정했다. 이곳에 방콕 시민이 마시는 취수원이 있어 가장 안전하리라 생각했다.

방콕 시내가 이렇게 홍수로 고통을 겪고 있는 까닭은 교통 시설로 이용하는 셀 수 없이 많은 수로가 범람했기 때문이었다. 물론 이 수로들은 매우 지저분하다. 이 더러운 물이 취수원에 섞이지 않도록 정부에서 모든 노력을 다하고 있어 바로 옆에 있는 교회도 안심할 수 있었다. 팀원 전체가 무탈한 지역에서 사역하는 것이 중요하기에 교회에서 숙박하기로 했다.

방콕 최대 피해 지역인 빠톰나니에서 구호품을 다 나눈 뒤 귀국을 준비하고 있었다. 그런데 우리가 머물렀던 교회 주변의 이재민들이 눈에 들어왔다. 상대적으로 수해 피해가 적어서 사람들의 시선도 끌지 못한 곳이었다. 마하나컨교회를 섬기는 현지 목사님들과 상의했더니 지역민들을 섬길 수 있는 아주 좋은 기회가 될 것 같다고 말했다.

그렇게 교회 인근 지역에 구호품을 나누기로 하고 잠을 자려는데 현지 사역자들이 걱정하고 있다는 이야기가 들려왔다. 구호품을 구하는 것은 어려운 일이 아닌데 차와 보트를 구하는 것이 문제였다. '과연 차를 구할 수 있을까? 보트를 구할 수 있을까?' 하며 망설이는 중이었다. 구호품을 나누기로 한 당일 현지 사역자들이 조그만 픽업트럭 2대를 준비해 주었다. 그것으로 현장까지 가기에는 무리가 있었으나 그래도 밤새 수고해서 구한 트럭이기에 사실 구호품은 현지에서 재난을 담당하는 기관에 보낼 수도 있다.
하지만 우린 이재민에게 직접 전달하는 것을 원칙으로 한다.
기관에서는 전체에게 나눌 수 있는 충분한 물량이 확보될 때까지
이를 보관하는 경우가 많기 때문이다.

일단 최대한 현장에 접근할 수 있는 곳까지 가 보기로 했다.

하지만 역시 이 작은 트럭으로 물이 차 있는 지역을 지나기는 쉽지 않았다. 그때 배 한 척이 보이기에 손을 흔들고 소리를 질러 그 배를 세웠다. 8명 정도가 앉을 수 있는 보트였는데 가격 협상을 하고 아침 10시부터 오후 6시까지 1,500밧(한화 약 6만 원)에 사용하기로 했다. '역시 현장에서 해결해야 해.' 하며 으쓱거렸으나 곧 이 보트가 무용지물이라는 것을 알게 되었다. 현장을 제대로 파악하지 못했다. 모든 지역이 물에 잠긴 것이 아니라 100m를 가면 마른 땅이고 50m 후에는 다시 물에 잠겨 있는 애매한 상황이 반복되고 있었다. 마른 땅에서 보트를 들고 움직일 수는 없는 노릇이었다.

이때 지나가는 군용 트럭이 보였다. 다시 한 번 손을 흔들어 세웠다. 현장 지휘관에게 우리를 도와주었던 짜야건 소장님의 이름을 대고 전화를 연결했다. 소장님이 그들에게 우리를 도와주라고 명령을 내렸다. 순식간에 군용 트럭이 생겼고 여기에 구호품을 싣는 것까지 군인들이 도와주었다. 총 120개의 구호품을 실어 나눌 수 있었다.

현지 목사님들과 스태프들이 동네 주민들에게 직접 구호품을 나눠 주는데, 군인들도 신이 나서 도왔다. 목사님도 신이 나고 지역 주민들도 기뻐했다. 수해 속에서도 온통 축제 분위기였다. 구호품을 다 나눠 준 후에는 군용 트럭이 우리를 교회 앞까지 배웅해 주었다. 현지 목회자 두 분이 말했다.

"한국 목사님들에게 졌다, 졌어."

많이 감동한 모양이었다. 도저히 안 될 것 같았는데 하나님이 도우시니 군용 트럭이 교회 앞까지 데려다준다고 하면서 말이다.

구호를 다 마치고 한국으로 돌아왔다. 많은 성도님이 수고했다고 격려해 주었다. 오랜만에 만난 오세현 집사님이 "목사님, 난 이번만큼은 구호품을 못 나누리라고 생각했어요. 그런데 하나님이 군용 보트도 준비해 주시네요. 평생 봉사단에서 사역하세요."라며 특유의 웃음으로 수고하고 애썼음을 독려해 주었다. 하나님을 의지하는 재난 현장은 늘 기대가 된다. 다음에는 하나님이 어떤 새로운 일을 준비하고 계실까?

그래도 우리는 떠납니다

2
정문이 열리지 않으면 뒷문으로,
일본 센다이

구호품을 찾아 정처 없이 떠나다

재난 지역에 가면 우리 팀은 보통 2팀이나 3팀으로 나뉜다. 한 팀은 현장에 들어갈 수 있는 가장 빠른 방법을 찾고, 나머지 팀은 구호 물품과 운송할 트럭을 알아본다. 두 가지를 동시에 진행하다 맞닥뜨리는 시점이 본격적으로 구호 활동을 시작하는 때다.

일본 센다이에서 구호품을 구하기가 가장 어려웠던 기억이 난다. 2011년 3월 11일, 센다이에 진도 8.8의 강진이 일어났고 연달아 몰아친 쓰나미로 상상할 수 없는 인명과 재산 피해가 발생했다.

일본은 경제적으로 여유가 있는 나라다. 긴급 재난 구호를 생각하면 늘 어렵고 가난한 지역이 먼저 떠오른다. 그래서 부유하다고 여겨지는 나라로 구호를 떠난다고 하면 어쩐지 어색하다. 하지만 재난이 일어나면 스스로 무엇이 필요한지 몰라 당황하고 혼란스러운 것은 매한가지다. 무엇보다 피해를 당한 곳에서는 식량과 더불어 누군가 우리를 기억하고 있다는 위로가 절실히 필요하다. 그런 의미에서 우리가 일본으로 떠난 것은 당연했다.

재난 발생 다음 날인 3월 12일 토요일, 우리는 8명으로 팀을 구성해 일본으로 출발했다. 조현삼 목사님은 주일을 보내고 합류할 계획이었으나, 공항에 환송을 나왔다가 현장에 방사능 유출 위험이 있다는 소식을 듣고는 팀원들만 보낼 수 없다는 생각에 곧바로 비행기를 함께 탔다. 그렇게 인원이 1명 추가되었다.

도쿄에 도착해 센다이로 이동할 자동차를 구하는 일부터 쉽지 않았다. 차를 빌려주려다가도 목적지가 센다이인 것을 아는 순간, 갑자기 안 된다고 했다. 힘겹게 조그마한 9인승 차를 빌렸다. 평소 도쿄에서 센다이까지는 4시간 정도가 소요된다. 하지만 일본에서는 재난이 발생하면 일반 차량이 고속도로를 이용할 수 없게 통제한다. 어쩔 수 없이 우리는 국도를 밤새 달려 목적지에 도착했다.

더 큰 문제는 구호품을 구하는 일이었다. 센다이의 모든 상점에 술 외에는 거의 아무것도 없는 상황이라 물품을 구하기가 어려웠다. 식료품을 구할 수 있는 곳마다 길게는 2km 정도의 줄이 늘어서 있었다. 결국 우리 팀은 센다이에서 1시간 정도 거리에 있는 야마가타로 가서 구호품을 구입하기로 했다. 전날 몇몇 사람이 야마가타는 그래도 물품을 구할 수 있을 만큼 상황이

센다이에 진도 8.8의 강진이 일어났고 연달아 몰아친 쓰나미로
상상할 수 없는 인명과 재산 피해가 발생했다.
재난 지역에서는 식량과 더불어 누군가 자신들을
기억하고 있다는 위로가 절실히 필요하다.

낫다는 이야기를 한 터였다. 그 말을 듣고 무작정 그곳으로 떠났다. 출발하는 아침, 하나님께 간절히 기도했다.

"하나님, 저희는 구호품을 어떻게 구해야 할지, 어디로 가야 할지 모릅니다. 하지만 언제나 그래 왔듯이 하나님이 얻게 하실 줄 믿습니다."

야마가타로 가려면 기차를 타야 한다는 말에 센다이역으로 향했다. 역무원에게 야마가타로 가는 표를 달라고 하니 일본어로 기차 편이 막혔다는 얘기만 했다. 버스를 이용해야 한다는 것은 알겠는데 그 이상 제대로 알아들을 수가 없었다. 어디로 가서 버스를 어떻게 타는지 설명해 주는데 알아듣지 못하자 옆에 있던 일본인이 자신을 따라오라고 했다. 그리고 우리를 터미널 바로 앞까지 데려다주었다. 덕분에 무사히 버스를 타고 야마가타로 향하는데, 센다이를 떠나온 수많은 차 때문에 도로가 꽉 막혀 있었다. 가슴이 뭉클해져 자리에 앉아 기도했다.

"하나님, 밀려오는 두려움에 이곳을 떠나가는 저들의 마음이 하나님이 주시는 소망의 빛을 보게 하옵소서."

야마가타에 도착할 무렵, 이곳 역시 마트 앞에 줄이 끝도 없이 늘어서 있음을 알게 되었다. 서울에 있는 성백철 목사님에게 문자를 보냈다.

"야마가타에 혹시 한국분이 있는지 알아봐 주세요."

이곳에선 영어로 소통하기가 어려워 도착하더라도 구호품을 구하는 과정이 힘들 것 같았다. 통역해 줄 수 있는 한국인의 도움을 받으면 좋겠다 싶었다. 잠시 후 성 목사님으로부터 답문이 왔다.

"이○○ 목사님, 야마가타 ○○교회 ○○-○○○○."

버스 안에서 성 목사님이 알려 준 번호로 전화를 걸었다. 곧이어 밝은 목소리의 이 목사님과 연결이 되었지만 통신 상태가 좋지 않아 이내 끊어졌다. 1시간이 지나서야 간신히 다시 통화를 할 수 있었다. 이 목사님에게 우리의 상황을 설명했더니 기꺼이 도와주겠다는 답이 왔다. 구원자를 만난 느낌이었다.

고속버스 터미널에서 이 목사님을 만나고 물품을 구하기 위해 여기저기 연락을 취했다. 하지만 야마가타의 가게들에도 물품이 없기는 마찬가지였다. 여러 곳에 연락하다 냉동 우동을 생산하는 공장과 반찬을 만드는 회사를 찾아냈다. 기쁜 마음으로 두 곳에 연락을 취했지만 그들은 식량을 줄 수 없다고 했다. 재난이 발생하면 정부의 통제가 시작되어 물건을 대량으로 출하할 수 없기 때문이었다. 물론, 다른 곳도 사정은 마찬가지였다. 일본 정부의 재난 발생 매뉴얼이 철저하다는 것은 익히 들어 알고 있었다. 현장에서는 물

건을 대량으로 공급받기는 물론 일부를 구하기조차 힘들었다.

정부 이외의 어떤 단체도 물건을 사기 어렵다는 사실을 이미 확인했지만, 여러 사람을 통해 이곳저곳 백방으로 수소문하던 중 구호품을 구할 수 있는 업체를 하나 발견했다. 식량을 수입하는 업체인데 수입품은 정부의 규제에서 벗어난다고 했다. 연락을 시작한 지 4시간 만에 드디어 구호 식량을 얻게 되었다.

이날 2L 물 606개, 초코파이 6,280개, 삼계탕 300개, 감자탕 600개, 과자 600개, 참치죽 48개, 전복죽 48개, 팥죽 48개, 야채죽 48개, 고기죽 48개, 호박죽 48개, 참치 캔 960개를 구할 수 있었다. 업체에 있던 물건을 모두 가져왔다. 트럭에 식량을 싣고 센다이로 돌아왔다. 평소 재난 현장에서 구했던 구호품의 양보다 훨씬 적어 실망스럽기도 했지만 우리와 함께 구호했던 요코하마 목사님은 "일본에서 지금 이만한 물량을 구한 것은 기적입니다."라며 격려해 주었다. 맞는 말이었다. 하나님은 그 힘든 상황 가운데서도 우리에게 식량을 구할 수 있는 길을 열어 주셨다.

새벽 1시 47분, 구입한 구호품을 싣고 센다이에 도착했다. 구호 현장에서는 시간 개념이 사라진다. 가능한 시간에 가능한 일을 해야 한다. 미리 구해 놓은 트럭에 구호품을 옮겨 실었다. 밖에는 눈이 오고 있었다. 3월에 내리는 눈이었다. 새벽에 눈을 맞으며 구호품을 싣는 이 특별한 여행의 기쁨을 아는 사람이 있을까.

이렇게 준비한 구호품은 노크고우학교 이재민 피난소에 전달했다. 한국과 교회의 사랑을 함께 전했다. 피난소에서 만난 이재민들은 이미 지쳐 있었다. 그들의 표정과 거의 다 떨어진 물자에서 금방 알 수 있었다. 구호품을 전밖에는 눈이 오고 있었다.
3월에 내리는 눈이었다.
새벽에 눈을 맞으며 구호품을 싣는
이 특별한 여행의 기쁨을 아는 사람이 있을까.

달받은 현지 피난소 책임자는 우리에게 깊은 감사를 표했다. 외부에서 들어온 첫 구호품에 대한 감사였다. 이렇게 물꼬를 튼 구호품은 이제 여러 경로를 통해 공급될 것이다. 누군가 시작하면 또 다른 누군가가 그 뒤를 잇는다는 사실을 현장에서 늘 경험했다.

Please

긴급 구호를 하다 보면 길도, 환경도, 상황도 열리지 않을 때가 많은데 이럴 때마다 '안 되는구나.' 하고 포기하면 다음으로 넘어갈 수 없다. 식량을 구하러 갔는데 식량이 없다는 말에 멈추면 그다음 구호 역시 없다. 재난을 당한 핵심 지역으로 들어가야 하는데 "못 들어간대."라고 말하면 이재민들을 도울 방법이 사라진다. 간절한 마음으로 상황이 바뀌도록 도움을 요청해야 할 때가 많다. 일이 잘 해결되지 않는다고 목소리를 높이고 화를 내면 상황이 더 꼬인다. 이때 가장 필요한 것은 'Please'(제발)와 '간절한 눈빛'이다.

센다이에 일어난 지진과 쓰나미의 결과와 그 처참함은 말로 다 설명하기 어렵다. 재난의 규모도 컸지만 구호를 하기 위한 과정이 어느 나라보다 힘들었다. 대부분의 나라는 봉사단의 조끼만 보고도 여타 과정을 통과시켜 주었다. 하지만 일본은 달랐다. 정부의 허가를 받았다는 증명서가 없으면 고속도로를 이용할 수도, 자동차에 기름을 넣을 수도 없었다. 당연히 구호품을 대량 구입하는 것도 불가능했다. 잠자리조차 구할 수 없었다.

첫날, 재난 현장에 묵을 숙소가 없었다. 찾아간 호텔마다 영업을 하지 않았다. 미리 텐트와 침낭을 준비해 갔지만 아직 사용하고 싶지 않았다. 숙소가 안전할수록 큰 힘이 된다. 샤워로 하루의 피로를 씻을 수 있는 곳이면 더할 나위 없다. 그 외에도 많은 짐을 보관할 공간과 전기 제품을 충전할 여건은 우리 팀에게 필수적이었다. 전날 자정에 도쿄에서 출발해 15시간을 달려온 후 온종일 현장에서 봉사한 팀원들을 편히 재우고 씻기고 싶었다. 밤은 깊어 가는데 참 많은 호텔에서 거절당했다.

마지막이라는 심정으로 한 호텔에 갔다. 정문에 "영업하지 않는다."는 안내판이 있었지만 뒷문으로 들어갔다. 사람이 있기에 사정을 이야기하고 하룻밤만 재워 달라고 했다. 역시나 안 된다는 답변이 돌아오기에 여기서 구호를 해야 하는데 너무 피곤하다고 사정했다. 사장님의 눈빛이 바뀌는 것을 알 수 있었다. 방을 잡아 주고는 딱 하룻밤만 재워 주겠다고 했다. 일단 하루 치 방 값을 계산했다. 그리고 며칠만 더 재워 달라고 다시 부탁했다. 호텔에 재워달라고 사정하는 이 상황이 매우 아이러니하지만 그래도 지금은 그렇게 해야 했다. 이어지는 'Please'(제발)와 '간절한 눈빛'으로 3일을 확보했다. 그것도 방 하나에 한화로 9만 원 돈에 말이다. 더운물이 나오고 인터넷이 되는 상황에 감격했다.

고속도로를 이용하지 못하면 시간이 오래 걸리기는 하지만 국도로 돌아가면 된다. 실제로 3-4시간이면 갈 거리를 10시간 넘게 이동한 적도 있다. 구호품을 대량으로 사기 어려울 때도 시간은 많이 걸렸지만 여러 지역에서 조금씩이라도 구입해 전달할 수 있었다. 하지만 자동차 기름은 좀 다른 문제였다. 기름을 넣지 않으면 사실 아무것도 할 수 없다. 한번은 자동차 기름이 다 떨어져 갔다. 이제 주유하지 않으면 자동차는 멈춰 설 것이 분명했다. 우리와 동행한 김정모 선교사님이 주유소에 사정을 설명했으나 거절당했다.

일본에서는 구호를 하기 위한 과정이 어느 나라보다 힘들었다.
정부의 허가를 받았다는 증명서가 없으면
고속도로를 이용할 수도, 자동차에 기름을 넣을 수도 없었다.

차 안에서 이 상황을 지켜보다가 내가 해결해 보겠다고 내린 후 주유소 직원에게 다가갔다. 그리고 부탁했다.

"Please!"(제발!)

구호를 다니며 일이 해결되지 않을 때 이것보다 더 좋은 단어가 없음을 경험으로 알고 있었다. 간절한 부탁에 직원의 마음이 흔들렸다. 원래는 안 되지만 10L를 넣어 주겠다고 했다. 감사하다고 이야기하는 사이에 이미 주유가 끝났다. 한마디 더 붙였다.

"Fill please."(가득 채워 주세요) 주유소 직원이 가만히 듣더니 내게 물었다.

"이빠이?"

내가 유일하게 아는 단어였다. 직장을 다닐 때 회식 자리에서 수도 없이 들었던 말이다.

"하이, 이빠이."

그리고 차에 기름을 '이빠이' 채우고 세상을 다 얻은 양 주유소를 나오는 우리 팀의 얼굴을 상상해 보길 바란다.

고속도로 이용 특권

센다이에서 여진이 계속되었지만 우리 팀은 평안했다. 하나님이 이재민들을 위로하시는 과정에서 받는 기쁨이 충만했기 때문이다. 하지만 서울에서는 달랐던 모양이다. 성도들이 걱정하는 소리가 계속 들려왔다. 원자력 발전소가 붕괴되면서 방사능이 유출됐다는 소식이 더해지면서 염려가 더 커진 듯싶었다. 조현삼 목사님이 돌아가자는 결정을 내렸다. 아무리 이곳에서 하는 구호가 우리에게 큰 기쁨이고 평안이라 할지라도 성도들을 생각해서 돌아가야겠다고 했다.

원래 돌아가는 비행기는 도쿄에서 출발하는 일정이었으나, 현장에서 출발지를 아오모리로 바꿨다. 방사능이 유출된 후 바람이 도쿄 쪽으로 불고 있어 반대 방향에 있는 아오모리로 향했다. 센다이 지역에서 북쪽으로 가는 중에도 모든 고속도로가 폐쇄되어 국도를 이용해야 했다. 그런데 기름이 떨어졌다. 앞서 언급했듯이 일본은 재난 상황에서 차에 기름을 넣기가 정말 힘들다. 주유소에 가서 우리가 한 구호 활동을 태블릿PC에 있는 사진으로 보여 주며 기름을 좀 넣어 달라고 간청했다. 직원은 냉정하게 거절했다. 며칠 전 "이빠이?"를 물어보던 그 주유소 직원이 그리웠다. 하지만 중요한 정보를 얻었다. 경찰서에서 긴급 차량 확인증을 받을 수 있다는 사실을 말이다.

우리는 근처 경찰서로 갔다. 사정을 설명하니 긴급 차량 담당자를 소개해 줬다. 다시 태블릿PC를 꺼내 우리가 활동했던 모습과 구호품을 구입한 영수증 등을 보여 줬다. 시간이 얼마 지나지 않아 곧바로 확인증을 받았다. 신이 난 조 목사님이 "마패(긴급 차량 확인증) 가지고 아까 거절당한 주유소로 다시 가자."라고 하자 팀원들이 환호성을 질렀다. 이제 고속도로도 이용할 수 있고 기름을 넣을 자격도 생겼다. 고속도로에 들어서자 신세계가 열렸다. 넓은 고속도로에 차도 몇 대 없어 마음껏 달릴 기회였다.

그런데 앞이 안 보일 정도로 눈보라가 쳤다. 하는 수 없이 천천히 달리는데, 눈 내리는 모습이 보였다. 아름다운 광경에 한국에서 걱정하고 있을 아내가 생각났다. 일본에 도착해서 연락을 한 번도 못 한 것이 미안해 눈 오는 모습을 사진으로 찍어 보냈다.

"여보, 여기 눈 내리는 모습이 아름다워."

바로 답장이 왔다.

"그게 아름다워? 빨리 와."

이런 어투는 결혼하고 20여 년을 사는 동안 처음 들어 봤다. 아내의 마음고생이 그대로 전해졌다. 얼른 집으로 돌아가야 할 시간이었다.

공문까지 만들어 주다니

센다이에서 나와 아오모리에 도착해 정말 오랜만에 단잠을 잤다. 센다이에서는 매일 밤 서너 번은 호텔이 흔들렸다. 다음 날 일어나 보면 "여진이 리히터 규모 5점 몇이었다, 6점 몇이었다." 하는 이야기를 들었다. 아오모리에서는 그런 일이 없어 편히 숙면했다.

그리고 일어나서 아침을 먹은 후 사역을 준비했다. 한국으로 돌아가기 위해 아오모리에 왔는데 다시 사역이 시작된 이유는 이랬다. 전날 이곳 아오모리에 도착하면서 대형 마트에 물건이 가득 쌓인 것을 봤다. 그 모습을 보는 순간 '내일 조현삼 목사님이 또 구호품을 사자고 하겠구나.' 하는 생각을 했다. 아니나 다를까 예상은 틀리지 않았다.

"물건을 판다고 하면 내일 트럭만 구해 구호품을 센다이로 보내자."

조 목사님의 말에 우리는 조식 후 조를 짜서 각각 구호품과 트럭을 구하러 나갔다. 그날 아오모리에서 서울로 가는 비행 편이 없어 하루를 쉬고 돌아갈 참이었지만 마트에 물건이 산처럼 쌓여 있는 모습을 보니 그냥 지나칠 수 없었다.

센다이로 구호를 나올 때 가져온 5,000만 원은 다 사용했다. 그리고 일본에 머무는 동안 한국 교회의 사랑으로 4,700만 원을 추가로 지원받았다.

3월 17일, 팀원들의 훈련을 겸한 작전을 개시했다. 재난 현장마다 거의 매번 출동했던 조 목사님과 나는 숙소에 남았다. 양형석 집사님과 이택기 목사님이 한 조를 이루어 구호 물자 구입팀이 되었다. 이사야 집사님과 이우영 전도사님은 트럭 섭외팀이 되었다. 얼마 지나지 않아 현장으로 나간 팀들에게서 연락이 왔다. 물품과 트럭 모두 준비할 수 있다고 했다. 택시를 타고 대형 할인 마트인 저스코로 향했다.

그때 트럭 섭외팀에서 문제가 생겼다.

"트럭 회사에서 갑자기 못 온다고 하네요."

상황이 바뀌었다. 트럭을 구하기 위해 2팀으로 나누어 무작정 흩어졌다. 이미 센다이에서 했던 경험으로 차량을 구하기가 얼마나 어려운지 잘 알고 있었다. 어디로 가야 할지 몰랐지만 일단 시내로 나갔다. 시청에 찾아가 사정을 말했더니 위기관리실로 안내했다. 담당 직원인 진 타케히토 주사를 만났으나 우리는 일본어를, 그는 영어를 하지 못해 대화를 이어 갈 수 없었다. 그가 잠시 후 영국에서 온 직

원을 데려왔다. 우리의 부탁은 간단했다.

"구호품을 사서 센다이에 보내려고 하는데 트럭을 구하지 못해 찾아왔습니다. 혹시 트럭을 구할 수 있을까요?"

주사는 1시간 넘게 고생하며 우리를 도왔다. 그리고 트럭 조합에서 연락을 주기로 했다며 잠시만 기다리라고 했다. 그동안 경찰서에 연락해 긴급 차량 스티커도 받을 수 있도록 알아봐 주고 경찰서 앞으로 보낼 공문도 작성해 주었다. 현장에서 일이 일사천리로 진행되게끔 도와주었다.

얼마쯤 지났을까? 오후 3시 30분경에 드디어 기쁜 소식을 들었다. 4톤 탑차가 20분 안에 저스코로 온다는 것이었다. 주사가 공문을 우리 손에 쥐어 주었다. 그는 하나님이 우리 팀을 위해 준비해 놓으신 사람 같았다.

우리 팀은 다시 저스코에서 모였다. 이제 살 물건만 정하면 되었다. 저스코에서는 우리가 진짜 구호팀인지, 이 물건이 정말 센다이로 가는 것이 맞는지 다시 확인했다. 머뭇거리는 마트 책임자에게 아오모리 시청 공무원이 써 준 공문을 보여 줬다. 드디어 구입을 해도 좋다는 최종 허락이 떨어졌다.

저스코는 저녁 7시까지만 영업을 한다. 평소에는 밤 9시까지 운영했는데 지진과 쓰나미로 영업 시간을 단축했다. 구호품을 살 시간은 불과 3시간밖에 없었다. 그 시간 동안 4톤 트럭을 가득 채울 구호품을 구매해야 했다. 칸을 나누어 필요한 품목을 담기 시작했다. 진열대가 하나둘 비어 갔다. 적당량만 사 달라는 설명이 있었지만, 어떻게든 구호품을 많이 보내고 싶어 양해를 구했다. 이윽고 더 팔 수 없다는 말을 듣고 구매를 멈췄는데 트럭에는 아직도 공간이 많이 남아 있었다.

우리 팀은 다른 대형 마트를 찾아보았다. 저스코와 5분 거리에 비슷한 규모의 마트가 있었다. 사정을 설명하자 부점장과 직원 10여 명이 직접 나서 구호품 구입을 도왔다. 물론 여기서도 시청에서 써 준 공문이 효력을 십분 발휘했다. 직원들은 퇴근 시간을 넘기고 폐점 시간을 넘기면서까지 물건을 구매하고 계산할 수 있도록 안내해 주었다. 저스코 직원들도 다른 매장에서 구입한 물건을 같이 실어 주었다. 퇴근 후 2시간을 기다렸다 해 준 일이다. 그해 60세인 재일 교포 아주머니도 퇴근하지 않고 끝까지 도와주었다.

역시 하나님이 우리 팀을 위해 준비해 주신 사람들 같았다. 의례적인 인사가 아니라 진심으로 연신 감사하다는 말을 했다. 짐을 다 싣고 나니 밤 9시였다. 재난당한 이웃을 돕고 싶은 마음은 하나였다.

현지에서 우리를 도운 요코하마 목사님이 이 모든 과정에 대한 감사를 글로 전해 왔다. 신음하는 일본 땅에 한국 교회의 사랑이 흘러가서 참 좋았다. 아래는 요코하마 목사님이 쓴 글을 번역한 것이다.

한국 교회의 도움을 받은 일본 이재민들이 매우 기뻐하고 있습니다. 이번 한국 교회의 지원은 일본 크리스천들에게도, 또한 믿음을 가지고 있지 않은 이들에게도 큰 격려와 용기가 되었다고 생각합니다. 앞으로도 우리는 형제처럼 손을 잡고 여러 어려운 상황들에 맞서야 합니다. 한국 교회가 뜨거운 마음을 가지고 피해 지역 재건을 위해 도움 주실 것을 믿고 매우 감사하며 기뻐하고 있습니다. 일본 교회와 크리스천 보도국이 취재를 왔을 때도, 저는 한국 구호팀이 가장 먼저 도움의 손길을 뻗어 주었다는 사실을 나누었습니다. 크리스천 방송국에서 보도된 이 내용은 매우 높이 평가받고 있습니다. 다시 한 번 깊이 감사를 표합니다.

여진

도쿄에서 센다이로 이동하는 것은 절대 쉽지 않았다. 기차도 끊긴 데다 센다이로 간다고 하면 자동차를 빌리기도 어려웠다. 그렇게 어렵게 들어간 센다이에서 구호를 한 지 4일이 지났을 때 전화를 한 통 받았다. 일본에 취재차 온 기자가 서울에 연락해서 내 번호를 받은 듯싶었다.

"여보세요, ○○일보 ○○○ 기자입니다. 부탁이 있어 전화했습니다."

"네, 안녕하세요. 말씀하세요. 도울 수 있는 일이면 그렇게 하겠습니다."

그는 NGO를 따라 취재를 왔는데 머물 수 있는 숙소가 없어 고전하고 있었다. 목소리에서 고생한 흔적이 느껴져 팀원들의 방을 조정해 머물 수 있도록 도와주었다. 다행히 숙소를 잘 찾아왔다. 이야기를 들어 보니 며칠 동안 식사를 제대로 하지 못한 모양이었다. 라면을 하나 끓여 준다고 했는데 미안한지 괜찮다고 했다. 틀림없이 배가 고플 텐데 사양하는 것 같아 라면을 하나 끓였다. 그는 즉석 밥을 추가해 무척 맛있게 먹었다. 그리고 4일 만에 한다는 샤워를 마치고 그간 겪은 고생을 말했다. 아마도 처음 나온 해외 취재에 많이 당황한 듯했다.

그는 나와 한방에서 잠을 잤다. 그리고 그날 새벽 3시경에 여진이 왔다. 며칠째 강도 6이 넘는 여진이 계속되고 있었다. 호텔이 심하게 흔들리는 것이 느껴졌다. 갑자기 옆에 있던 기자가 벌떡 일어나 나를 깨웠다.

"나가야죠?"

계속 이렇게 밤을 보내고 있던 나와 우리 팀은 그냥 자기로 이미 이야기를 끝낸 상태였다.

"기자님, 그냥 자도 돼요. 괜찮을 겁니다."

그리곤 옆에서 밤새 뒤척이는 소리를 들어야 했다. 방을 나갔다 들어왔다 하는 소리가 반복되었다. 다음 날 그 기자는 호텔을 떠났다. 길에서 자더라도 더는 호텔에 머물 수 없을 것 같다는 말과 함께. 재난 현장에 있다 보면 NGO 관계자나 기자들을 많이 만난다. 각자 맡은 일로 수고가 많은 사람들이고 사명감으로 가득 차 있다. 그러나 직접 맞부딪히는 진도 6 이상의 여진은 감당하기 어려운 벽이다.

여러분이 자랑스럽습니다

일본 지진 구호에 국민일보 김민회 사진 기자님이 동행했다. 그는 국내 재난 현장은 여러 번 다녔지만 해외는 처음이었다. 그리고 모든 일정을 마친 뒤 현장에서 느낀 경험을 적은 글을 보내 줬다.

결코 짧다고만 할 수 없는 6일간의 긴 여정은 저 자신을 새롭게 돌아보는 기회를 주었습니다. 봉사단의 일원으로, 또한 기자의 신분으로 합류했던 한국기독교연합봉사단 일본 구호 현장에서 많은 도움과 배려를 받았습니다.
막연했던 기대는 15시간에 걸친 긴 여정 끝에 현장에 도착하는 순간부터 여지없이 깨졌습니다. 눈앞에서 가족과 집을 잃어 아파하고 힘들어하는 많은 이들을 보는 순간 이러한 감정이 사치라 생각하며 그들 속으로 뛰어들었습니다. 말로는 표현 못할 모습들이 현실로 달려들었고 그 현실을 넘어서려고 발버둥치기 시작했습니다. 그러나 그럴수록 현장의

일본 재난 지역에서는 문을 연 음식점도 없었고
식료품을 살 수도 없었다.
보통 지진이 심하게 일어난 도시라고 해도
이 정도로 식량을 구하기가 어렵지는 않았는데 말이다.

긴박감은 점점 더 크게, 피할 수 없는 거대한 모습으로 변하면서 달려들었습니다.

많은 이들이 숨진 현장을 돌아보는 순간 마음과 머릿속은 텅 비었고 내가 해야 할 일이 무엇인지조차 알 수 없었습니다. 알고 있는 듯, 느끼고 있는 듯하면서도 돌아보면 지금 무엇을 하고 있는지 전혀 모른 채 그저 카메라 셔터를 누르는 저를 발견하게 되었습니다. 과거의 습관이 현장과 맞닥뜨린 것입니다. 그 순간 구호를 위해 이곳에 같이 온 많은 분의 모습이 보이기 시작했습니다.

그들은 이리 뛰고 저리 뛰고, 될 턱이 없는 일로 뛰어다니고 있었습니다. 되든 안 되든 계속 뛰더군요. 그리고 해결한 뒤 나타납니다. 그것도 지친 모습이 아닌 환한 얼굴로 자랑스럽게 말입니다. 그렇게 하루, 이틀, 사흘이 지납니다. 일이 점점 더 빠르고 정확하게 톱니가 각자 제자리를 찾아 맞추어지듯 돌아갑니다. 어긋날 듯 주저앉으려 하면 그 양반(조현삼 목사)이 앞장을 서고 그들은 또다시 뜁니다. 그렇게 발을 맞추어 다시 제대로 달립니다.

끝도 없이 무조건 앞을 향해 달려가는 그들을 바라봅니다. 그렇게 해서 무사히 일을 마칩니다. 그들의 얼굴에는 환한 미소와 자랑스러운 모습이 가득합니다. 저도 그 속에서 조금은 보탬이 된 듯싶습니다. 수고하셨습니다. 여러분이 자랑스럽습니다.

제가 낼게요

일본 재난 지역에서는 문을 연 음식점도 없었고, 식료품을 살 수도 없었다. 보통 지진이 심하게 일어난 도시라고 해도 이 정도로 식량을 구하기가 어렵지는 않았는데, 특별한 경험이었다. 선택의 여지가 없어 하루 세끼 식사를 라면으로 했다. 5일 정도 지나니까 더는 라면을 먹기가 괴로울 지경이었다. 그리고 5일째 되는 날엔 콜라를 한 잔만 마시면 소원이 없겠다 싶었다. 함께 있던 양형석 집사님에게 이 말을 했다. 나는 곧 괜히 말을 꺼냈다며 후회했다.

긴급 구호 팀장인 이사야 집사님과 양형석 집사님이 콜라를 구하겠다고 늦은 시간에 밖으로 나갔다. 그런데 1시간이 넘어도 돌아오지 않자 걱정이 되었다. 2시간여 만에 돌아온 두 분의 손에는 아무것도 없었다. 콜라를 구할 수가 없었다고 했다.

그런데 이사야 집사님이 한마디 했다. 덮밥집이 있어 덮밥을 먹고 왔다는 것이다. 눈물이 핑 돌았다. 얼마나 맛있었을까!

"집사님, 저 없이 먹었는데 맛있었어요?"

어떻게 나를 빼고 밥을 먹을 수 있냐고 장난을 걸었다.

"네, 맛있더라고요."

포장해 올 생각은 안 했냐고 묻자 "못했는데요."라고 했다. 그날 밤 덮밥 생각에 잠이 안 왔다.

구호를 온 지 일주일 만에 방사능 피폭을 걱정하는 가족들과 성도들을 생각해 아오모리에서 귀국하기로 했다. 아오모리로 이동하면서 내심 기뻤다. 이제 밥을 먹을 가능성이 커졌다. 도착한 시간은 밤 10시가 넘었다. '오늘은 밥을 꼭 먹어야 하는데….' 하며 식사를 하기 위해 식당을 찾는데, 초밥 집과 라멘 집 두 곳이 문을 열고 있었다. 가격을 알아보니 초밥이 라멘보다 훨씬 비쌌다.

"라멘 먹자."

조 목사님의 결정이었다. 하지만 난 도저히 그럴 수 없어 신용카드를 꺼내며 당당하게 말했다.

"제가 살 테니 초밥을 먹읍시다."

팀원들 모두 환호하며 초밥 집으로 향했다. 정말 오랜만에 먹는 밥이었다. 그런데 늦은 시간이라 1인당 먹을 수 있는 초밥이 6개뿐이었다. 간에 기별도 안 가는 양이었다. 라멘을 먹자고 주장했던 조 목사님은 그릇에 맨밥이라도 채워 달라며 애원했다. 그렇게 양껏 먹지도 못했는데 1인당 4만 원 정도가 나왔다. 팀원 전체가 먹은 것을 얼핏 계산해 보니 30만 원이 넘을 것 같았다. 밥을 먹었으니 감사한데 막상 내가 계산을 하려니 너무 큰돈이었다. 혼자 조용히 음식점을 나왔다. 거리에서 한참을 서성이는데 팀원들이 나왔다. 조 목사님이 내게 말을 건넸다.

"왜, 계산한다며?"

"너무 비싸요."

양이 적어 아쉬웠지만 그래도 오랜만에 먹은 맛있는 밥이었다.

3
어쩌다 배가 산을 넘었을까,
칠레 콘셉시온

산티아고 가는 길

산티아고 가는 길이 한동안 폭발적인 인기를 얻었다. 지인 중에도 그 길을 다녀온 분들이 꽤 된다. 하지만 칠레의 수도가 산티아고라는 사실을 아는 사람은 그리 많지 않은 듯싶다. 2010년 1월에 발생한 아이티 지진에 이어 2월 27일, 칠레에서도 큰 지진이 일어났다. 아이티에 다녀온 지 얼마 안 되어 다시 남아메리카로 출동하기가 매우 부담스러웠으나 봉사단에서는 팀을 꾸려 구호를 하기로 했다.

긴급 구호팀 3명이 산티아고를 향해 출발했다. 비행 일정은 인천-로스앤젤레스(미국)-상파울루(브라질)-부에노스아이레스(아르헨티나)-산티아고(칠레)였다. 우리나라에서 갈 수 있는 가장 먼 일정이기도 하다. 로스앤젤레스까지 11시간, 로스앤젤레스에서 상파울루까지 11시간 40분이 걸렸고, 상파울루에서 부에노스아이레스까지 다시 3시간이 걸렸다. 부에노스아이레스에 도착한 시각은 저녁 7시였다.

그런데 당일 연결되는 산티아고행 비행기가 전부 취소되었다. 갈아타기 위한 수속을 마치고 탑승구 앞으로 갔는데 그때 취소된 사실을 알았다. 이 사실을 우리에게 알려 준 사람이 아무도 없었다. 재난당한 도시에 들어갈 때마다 빈번히 일어나는 일인데 너무 방심했던 모양이다.

항공사 직원을 찾아갔다. 비행 편이 취소되었는데 아무것도 안내를 받지 못했다고 했다. 힘들어하는 우리 팀을 보고 한 직원이 해결할 수 있는 장소를 알려 줬다. 아마도 우리를 불쌍히 여겨 도움을 줄 만한 직원을 연결해 준 것 같았다. 다음 날 오전 8시 비행기를 타기로 확약받고 숙소로 돌아왔다.

아쉬웠다. 지진 현장으로 빨리 들어가고 싶었는데 취소가 되었으니. 하지만 내면 깊은 곳에서는 '다행이다'라는 안도감이 올라왔다. 긴 비행 시간에 지쳐 쉬고 싶었기 때문이다. 숙소에 들어가니 밤 11시 30분이었다. 오랜만에 침대에 누우니 몸은 편했다. 단잠을 자고 아침 8시 비행기를 타기 위해서 5시 30분에 숙소에서 나왔으나 8시 비행기도 취소됐다는 소식을 들었다. 결국 오후 3시 30분에 출발하는 일정으로 바뀌었다. 다시 5시간 넘게 기다려야만 했다.

주변에서는 해외로 긴급 구호를 자주 다니니까 음식이나 잠자리에 적응하는 데 문제가 없을 것으로 생각한다. 하지만 그렇지 않다. 음식도, 잠자리도 여전히 불편하고 힘들다. 특히 한식이 매우 그립다. 그날은 더했다. 전날(시차 때문에 하루였지만 사실은 36시간 동안)은 기내식으로 5끼를 먹었더니 다음 날까지 속이 영 불편했다. 부에노스아이레스 시내에 한식당이 있는지 알아봤다. 기대했던 대로 있었고, 우리는 택시를 타고 부지런히 한식당이 위치한 시내로 나갔다. 우리 팀 3명 모두 한식을 먹을 수 있다는 기쁨이 얼굴에 가득했다.

그때 전화가 왔다. 칠레에서 함께 구호하며 통역을 해 주기로 한 양창근 선교사님이었다. 그는 파라과이에서 출발해야 하는데 산티아고로 가는 비행기 자리를 구하지 못해 현재 부에노스아이레스 공항에 있다고 했다. 조금만 더 가면 한식을 먹을 수 있었는데, 아쉽지만 양 선교사님을 만나기 위해 택시를 돌렸다.

공항에 도착해 양 선교사님을 만나 일정을 이야기하던 중 우리가 타려던 비행기가 벌써 'final call'을 하고 있었다. 곧바로 출발한다는 방송이었다. 비행기는 예정보다 1시간 10분이 앞당겨진 2시 20분에 출발했다. 한식을 먹고 여유 있게 공항으로 돌아왔으면 산티아고 가는 길이 더 멀어질 뻔했다. 한식을 못 먹어 아쉬웠는데 양 선교사님이 아니었으면 비행기를 못 탈 뻔했다.

양 선교사님은 산티아고로 가는 비행 편을 결국 구하지 못했다. 그는 부에노스아이레스에서 멘도사로 가는 국내선을 타고, 멘도사에서 버스를 타고 안데스산맥을 넘어 22시간 만에 산티아고에 도착했다. 산티아고 가는 길은 참 멀었다.

그렇게 비행기를 타고 드디어 산티아고에 도착했다. 비행기는 도착했지만 안전상 문제로 내리지 못하고 계속 안에서 대기했다. 이상하게 비행기가 계속 흔들거렸다. 우리가 탔던 비행기는 보잉 747기종으로 무척 크기가 컸다.

 속으로 '내가 탔던 비행기 중에 가장 신형인 비행기가 화물을 내린다고 이렇게 흔들리네.'라고 생각했다. 그때 기장이 기내 방송을 했다. "지금 여진으로 인해 내리지 못하고 있습니다."라고. 산티아고에 도착해 제일 먼저 우리 팀을 반긴 것은 파도처럼 배를 흔드는 여진이었다.

 산티아고 공항은 화물 운반이나 입국 심사대 기능이 아직 회복되지 않아 활주로부터 승객 본인이 직접 화물을 들고 나가야 했다. 입국 심사대도 야외에 간이로 설치되어 있었다. 공항이 이런 상황이었기에 산티아고로 오는 비행기가 계속 취소될 수밖에 없었다.

 다음 날부터 현지에 있는 한인연합교회의 도움으로 구호품을 구하기 시작했다. 3팀으로 나누어 각각 구할 수 있는 구호품을 전화로 이야기했다. 지진으로 식량 등을 구하기 어려운 중에도 물품을 최대한으로 모았다. 밀가루 1,230kg, 국수 1만 7,795봉지, 국수 소스 1만 8,048봉지, 설탕 2,000kg, 소금 2,010kg, 식용유 4,004병, 분유 360봉지, 통분유 1,600g 18개, 쌀 10톤, 우유

이곳은 통행 금지 조치가 취해진 상태라
저녁 6시부터 낮 12시까지 오갈 수 없었다.
하지만 우린 야간 통행증이 있어
곧바로 도시로 진입했다.

70봉지, 샴푸 8,000봉지, 치약 2,000개, 칫솔 2,000개, 비누 2,000개.

구입한 구호품을 한인연합교회 마당과 식당에 내려놓는데 그 양이 어마어마했다. 최대한 많이 나눌 욕심에 구입했는데 도착한 물량을 보고는 두려움이 덜컥 생겼다.

'이걸 어떻게 다 포장하고 운반한다?'

교회와 연합되어 있는 현지 칠레 청년 30여 명이 구호품을 준비하는 일을 돕기 위해 모였다. 교회 성도님들도 바쁜 일들을 모두 내려놓고 이곳에 모여 구호품 포장 작업에 열중했다.

큰 봉투에 쌀, 밀가루, 국수 소스, 설탕, 소금, 식용유 등을 넣으니 무게가 제법 나갔다. 칠레 청년들은 아주 기뻐했다. 멀리 한국에서 자기 나라를 도우러 왔다고 감사하다며 구호품을 만드는 작업을 함께했다. 한국 교회, 칠레 현지 교회, 한인 교회, 파라과이 선교사님 등 다양한 공동체가 하나 되어 만든 합작품이었다. 이렇게 만든 구호품 세트가 2,625개였다.

밤 10시, 포장한 구호품을 먼저 10톤 트럭 1대에 싣고 최대 피해 지역인 콘셉시온으로 내려갔다. 나머지 구호품을 실은 차량은 다음 날 오전 11시에 산티아고에서 출발해 쓰나미 피해가 컸던 탈카에서 우리 팀과 만나기로 했다. 총 40톤의 구호품을 10톤 트럭 4대에 나눠 실었다. 칠레는 재난으로 인해 해가 지면 통행이 금지됐는데 우리 팀은 통행 허가증을 받았다. 산티아고에서 콘셉시온까지는 10시간 가까이 걸렸다.

밤새 달려 아침 8시 무렵 콘셉시온에 도착했다. 이곳은 칠레 제2의 도시이자 진원지에서 가장 가까운 동네다. 통행 금지 조치가 취해진 터라 저녁 6시부터 다음 날 낮 12시까지 오갈 수 없다. 실제로 활동 가능한 시간은 하루에 6시간밖에 되지 않았다. 콘셉시온으로 들어가는 톨게이트에 도착하니 차들이 줄을 길게 서 있었다. 12시가 되면 들어가려고 기다리는 차들이었다. 우리 팀은 야간 통행증이 있어 이 차들을 앞질러 곧바로 도시로 진입했다.

콘셉시온은 혼란 그 자체였다. 지진 후에 큰 상점을 대상으로 약탈이 감행돼 모든 마트가 문을 닫았다. 지진으로 직접적인 피해를 입은 사람이나 그렇지 않은 사람이나 모두 식량을 구할 수 없게 되었다. 돈이 있어도 살 곳이 없어 굶주리는 상황이었다. 우리는 구호품을 가지고 산을 올랐다. 지진과 쓰나미를 피해 이재민들이 거처로 정한 곳이 산이었다. 산길을 따라가다 보면 곳곳에 30가구, 5가구, 3가구 등이 텐트를 치고 있었다. 산을 올라가면서 텐트에 있는 이재민들에게 구호품을 나눠 주었다.

구호품을 나눠 주고 텐트촌을 나오는데 사람들이 손뼉을 치며 "Gracias."(감사합니다)를 연발했다. 그동안 구호를 많이 다녔지만 이렇게 열렬한 박수를 받으며 떠난 적은 없는 것 같다. 구호품을 배분할 때 우려되는 혼란으로 군인

콘셉시온은 혼란 그 자체였다.
지진 후에 큰 상점을 대상으로 약탈이 감행돼
모든 마트가 문을 닫았다.
돈이 있어도 살 곳이 없어 굶주리는 상황이었다.

들의 경호를 받으면서 물품을 분배했다. 하지만 혼란은 없었다. 그들의 따뜻한 마음이 전해지니 오히려 혼란을 두려워했던 것이 미안했다.

콘셉시온 지역에 약 750개의 구호품을 나눈 후 근처의 또 다른 피해 지역인 디차토로 향했다. 콘셉시온에서 차로 약 1시간 거리였다. 여기도 이재민들이 높은 곳에 올라가 있었다. 이곳에서 많은 사람이 왜 과하다 싶을 정도로 높은 데 피해 있는지 알 수 있었다. 쓰나미로 인해 산을 하나 넘어 있는 배를 4척이나 봤다. 쓰나미가 얼마나 무섭게 밀려왔으면 배가 산을 넘었을까 싶었다.

이 지역 이재민들의 책임자를 따라 텐트촌 8곳을 방문하며 구호품을 나눴더니 어느덧 밤 11시가 다 되었다. 다음 날 구호품 배분을 위해 콘셉시온으로 바로 돌아갔다. 콘셉시온에서 약 3시간 거리에 있는 탈카로 이동하기 위한 경유지인 챌리타에 도착하니 새벽 3시였다. 간단히 저녁(?)을 먹은 후 한숨 자고 아침 7시에 일어나 탈카로 이동했다. 평소 같으면 엄두도 못 낼 스케줄을 긴급 구호 현장에서는 일상처럼 보낸다.

탈카는 내진 설계가 비교적 허술해서 무너진 건물이 많았다. 이 지역에는 마침 지진구호기독교대책협의회가 있었다. 현지 지역 교회가 힘을 모아 이재민들을 도울 대책을 마련한다는 이야기를 들으니 따뜻한 사랑이 느껴지는 것 같았다.

심한 피해를 당해 긴급히 식량을 전해야 할 이재민들을 추려 보니 500가정 정도였다. 우리는 탈카에서 구호품을 다 나눌 계획이었다. 그런데 현지에서 콘스티투시온 지역에 구호품이 한 번도 가지 않았다며 우리 팀이 도와 달라고 요청했다. 지진 피해로 확인된 공식 사망자 수가 950명인데, 그중 콘스티투시온 마을에서 사망한 인원이 348명이었다. 탈카도 재난 이후 우리 팀에게서 첫 구호품을 받는 것이었지만 콘스티투시온도 마찬가지였다. 바닷가를 차로 2시간 동안 달려야 하는 부담이 있었지만 가기로 했다.

이동하는 도중에 지금까지 칠레에서 접하지 못한 광경을 봤다. 사람들이 길가에서 국기를 흔들며 무언가 적힌 푯말을 들고 있었다. 양 선교사님에게 물었더니 '우리는 구호품이 필요하다.'라는 뜻이라고 전해 줬다. 모두가 힘들다는 것을 알 수 있었다.

지진과 쓰나미 피해로 340여 가구가 텐트촌에 살고 있었다. 연락을 취해서 구호품을 받는 곳으로 오라고 했더니 순식간에 340가구가 다 모여서 물품을 가져갔다. 동네를 빠져나올 때까지 구호품을 받은 사람이나 그렇지 않은 사람이나 "Gracias!"(감사합니다!)를 계속 외쳤다. 그리고 현지에서 만난 이반 목사님이 참 감동적이었다. 본인도 교회와 집이 다 무너져 다른 집 마당에 텐트를 치고 지내면서도 이재민들을 구호품이 있는 지역으로 모으고 섬기는 데 열심이었다. 어려울 때 등장하는 섬김의 사람들은 어느 구호에나 있나 보다.

그래도 우리는 떠납니다

4.
그들이 길에서 자는 사연,
아이티 포르토프랭스

아이티의 눈물

지금 시대는 어쩌면 뭔가를 먹는 문제보다 어떻게 하면 적게 먹을지를 고민하며 살아가고 있는 듯싶다. 하지만 세계 곳곳에는 아직도 굶주림과 기아에 허덕이는 사람들이 수없이 많다. 한 끼를 먹기 위해 우리가 상상하는 것보다 훨씬 더 많은 시간을 분투하며 살아가는 사람들이 있다. 어느 날 방송을 통해 먹을 것이 없어 진흙으로 빵을 구워 먹는 곳이 있다는 이야기를 들었다. 집에서 구워 먹는 것뿐만 아니라 시장에서 거래가 된다고도 했다.

봉사단 안에는 '생명의쌀'이라는 부서가 있다. 국내에서 어떤 사람이든 쌀이 없어서 배가 고프다는 소식을 들으면 몇 가지 기본적인 질문만 하고 쌀 한 포를 바로 보내 주는 일을 하고 있다. 적어도 우리나라에서 쌀이 없어 굶는 사람이 없길 바라는 소원을 담아 시작했다. 그래서 우리는 아이티에서 진흙으로 빵을 구워 먹는다는 이야기를 접하고 곧바로 달려가 4만 달러어치의 식량을 구입해 나누고 온 경험이 있었다. 사실 그전까지는 아이티라는 나라의 이름도 들어 본 적이 없었다.

그로부터 2년 후인 2010년 1월 12일, 아이티에서 규모 7.2의 강진이 일어났다. 대통령궁, 공항을 비롯해 대부분의 기간 시설이 무너졌고, 사상자 규모가 금방 몇천 명으로 불어났다. 아이티의 열악한 상황을 누구보다 잘 알고 있었기에 이 소식을 듣자마자 긴급 구호를 하러 가기로 했다. 안 그래도 가난한 이들이 재난을 당했으니 더 굶주릴 것이라는 건 깊이 생각하지 않아도 알 수 있는 사실이었다.

우리 팀은 소식을 들은 당일(1월 14일) 아이티행 비행기를 탔다. 아이티에서 있었던 일은 당시 현장에서 조현삼 목사님이 쓴 "아이티의 눈물"이라는 제목의 글이 가장 적절할 것 같다.

아이티는 울고 있다. 두려워서 울고, 아파서 울고, 배가 고파 울고, 목이 말라 울고 있다. 울면 소리가 난다. 대성통곡하는 소리가 아이티 하늘을 울릴 것 같지만 아이티에서 통곡 소리는 들리지 않는다. 그런데도 사람들은 여전히 울고 있다. 눈물을 흘리고 있다.

아프리카의 한 가난한 나라로 아는 사람이 많은 국가 아이티, 아이티로 가는 길은 멀었다. 서울에서 뉴욕, 뉴욕에서 도미니카공화국으로 가서

아이티는 울고 있다. 두려워서 울고, 아파서 울고,
배가 고파 울고, 목이 말라 울고 있다.
통곡하는 소리가 아이티 하늘을 울릴 것 같지만
이곳에서 그런 소리는 들리지 않는다.

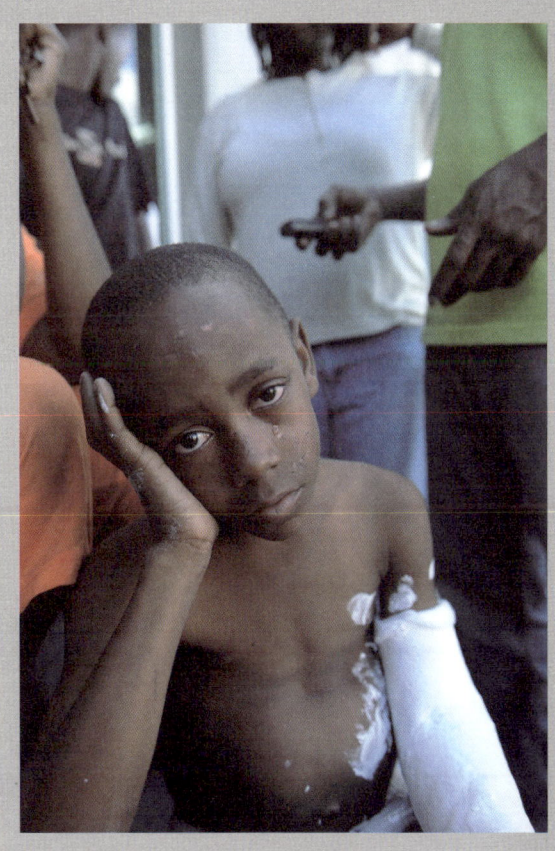

육로로 가야 했다. 지진으로 공항이 폐쇄되어 인접한 도미니카공화국을 거쳐서 가야 했기 때문이기도 하지만 '위험한 길'이었기에 더욱 멀게 느껴졌다. "현지 시간 2010년 1월 12일 오후 5시, 아이티에 규모 7.3의 지진으로 10만 명 사망"이란 뉴스를 접하고 그날 저녁 뉴욕행 비행기를 탔다. 뉴욕에서 하룻밤을 자고 도미니카공화국에 도착해 구호품을 구입하고 또 하룻밤을 보냈다.

서울을 출발한 지 사흘째 되는 날 육로를 이용해 아이티로 향했다. 도미니카공화국의 수도 산토도밍고에서 5시간을 달려가던 중, 아이티 국경을 1시간 거리에 남겨 두고 경찰관 5명이 성난 아이티 사람들에 의해 죽고 유엔 창고도 털렸다는 소식이 들려왔다. 방금 아이티에서 나온 사람을 통해 들은 이야기라고 했다.

그날 아침 도미니카공화국에서 발행되는 신문 첫 화면에 실린 사진이 떠올랐다. 수많은 시신 사이에서 가족을 찾고 있는 사람의 사진이 1면에 크게 실렸다. 사진 속 시신들이 처음에는 환자인 줄 알았다. 나중에 기사를 보고서야 그것이 시신인 줄을 알았다. 이런 상황이라면 사람이 무슨 일인들 못하겠는가. 마음이 무거워졌다. 계속 가야 하는가, 아니면 지금이라도 돌아가야 하는가? 동행하고 있는 도미니카공화국 주재 아이티 영사에게 사실 여부를 확인했다. 영사는 통신이 두절된 상태이기 때문에 확인할 수 없다고 했다. 차를 함께 타고 있던 일행들은 그 이야기를 듣고는 아무 말도 하지 않았다. 피로감이 한꺼번에 몰려왔다. 잠을 하루 2-3시간밖에 자지 못한 이유만은 아니었다.

도미니카공화국과 아이티의 국경에 도달했다. 차량 4대에 흩어졌던 팀들이 다시 만났다. 아이티 국경을 밤에 넘었다. 오는 도중에 차가 고장 나서 고친 차도 있고, 펑크가 나서 수리를 한 차도 있었기 때문이다. 아이티로 들어섰는데도 전화가 가능했다. 서울은 이른 아침 시간이다. 누구에게라도 전화하고 싶었다. 큰딸에게 전화했다. 연결되지 않았다. 문자를 썼다. 문자 전송도 실패했다. 오른쪽은 강이고 왼쪽은 산인 좁은 길을 따라 아이티로 들어섰다. 과연 어떤 상황이 우리를 맞을 것인가.

아이티는 깜깜했다. 강진과 함께 전기와 통신이 두절된 상태다. 길을 따라 사람들이 걷고 있었다. 길가에 사람들이 모여 있기도 했다. 사람들이 모여 있는 앞을 지날 때는 차가 속도를 냈다. 말이 없었다. 차량이 대열에서 흐트러지지 않도록 단단히 일러두었다.

국경에서 1시간쯤 달리자 아이티의 수도 포르토프랭스가 나타났다. 지진의 흔적들이 보이기 시작했다. 어두운 가운데 많은 사람이 거리에 있었다. '지진 피해를 입은 불쌍한 사람들'로 보여야 하는데 '언제 달려들지 모르는 위험한 사람들'로 보였다. 긍휼한 마음보다 두려운 마음이 위에 올라와 있던 것 같다. 오는 동안 계속 의논에 의논을 거듭한 우리는 최종 목적지를 자유무역지대인 소나피 공단에서 사업을 하는 한 교민의 공장으로 정했다.

목적지에 도착했다. 도미니카공화국을 비롯한 몇 나라에서 온 NGO가 그 공단 안에 캠프를 설치하고 있었다. 중무장한 유엔군이 공단을 지키고 있었다. 소나피 공단에 도착하니 두려운 마음과 긍휼한 마음이 교대했다. 한결 마음이 가벼워졌다. 아이티에서 만난 사람들에게 국경으로 지진의 흔적들이 보이기 시작했다.
이른 시간인데도 거리에 사람들이 많았다.
대부분 퀭한 얼굴을 하고 있었다.
얼굴에 두려움이 쓰여 있는 것 같았다.

오는 도중에 들었던 것을 비롯해 그동안 전해 들은 내용의 사실 여부를 확인했다. 대부분 그런 일은 없었다고 했다.

다음 날 아침 6시에 구호 계획을 세우기 위해 지진 현장을 차를 타고 둘러보았다. 지진 피해가 심하다는 델마, 부동, 뽀쫑빌, 다운타운이라고 불리는 라빌 등 주요 네 지역을 돌아보았다. 빈민가로 불리는 시티 솔레도 지진 피해를 당했지만 상대적으로 덜했다. 이른 시간인데도 거리에 사람들은 많았다. 대부분 퀭한 얼굴을 하고 있었다. 얼굴에 두려움이 쓰여 있는 것 같았다. 지진 피해를 당한 아이티 사람들은 대부분 지금도 마당이나 길에서 잔다. 집이 무너지지 않은 사람도 집에 들어가기를 두려워한다. 지금도 여진이 있다. 땅이 좌우로 흔들리는 것을 느낄 수 있다. 이번 지진은 땅이 좌우로 흔들린 것 같다. 현장에서 이것을 알 방법은 도로를 보면 된다. 도로가 심각하게 손상된 경우는 땅이 상하로 흔들린 경우다. 땅이 좌우로 흔들리면 건물이 무너지는 것과 같은 큰 피해가 발생하는데 상대적으로 도로 파손은 적은 편이다. 아이티의 경우 도로에서는 지진의 흔적을 찾을 수 없을 정도로 도로 상태는 좋다.

시내로 들어서자 강진의 흔적이 나타났다. 그러나 그것은 시작에 불과했다. 참상은 이내 눈앞에 펼쳐졌다. 큰 길가에 있던 시신들을 대부분 치웠지만 안쪽 길로 들어가자 여기저기 시신들이 널려 있었다. 천에 싸인 시신도 있었지만 대부분은 쓰레기처럼 그대로 버려져 있었다. 사람들이 그 앞을 코를 막고 지나가고 있었다. 마스크를 착용했지만 시신이 부패하면서 나는 악취를 막지는 못했다. 이렇게 길가에 널린 시신들은 사람들이 수습하지 못하고 중장비를 이용해 처리하고 있었다. 사람의 시신이 쓰레기와 같이 처리되는 기가 막힌 일이 눈앞에서 펼쳐졌다. 시내 공동묘지 안에 있는 화장장에서는 온종일 검은 연기가 끊이지 않고 올라왔다.

사망자를 10만 명으로 추정한다는 기사를 서울에서 출발하기 전에 읽었다. 아이티에 도착하니 20만 명에 육박할 것이라는 보도가 있었다고 전해 주었다. 지금 누구도 이번 지진으로 인한 사망자 수를 정확히 알 수는 없다. 그러나 분명한 것은 참으로 많은 사람이 이번 지진으로 죽었고 다쳤다. 2008년 미얀마에서 발생한 사이클론으로 인해 엄청난 희생자가 발생했을 때 강 주위에 널린 시신을 본 적이 있다. 그러나 10년 넘게 크고 작은 재난 현장에서 구호 활동을 했지만 도심 한가운데 시신들이 널려 있는 것은 이번이 처음이다. 그것도 재난이 발생하고 4일이 지난 상황인데 이런 일이 있다는 것은 충격이다.

경험으로 미루어 보면 무너진 건물 속에는 아직도 살아 있는 사람들이 있을 것이다. 하지만 인명 구조 작업은 몇 곳에서만 진행되고 있다. 인명 구조 작업을 못할 뿐만 아니라 가족들이나 이웃들에 의해 어렵게 구조된 사람들도 치료를 제대로 받지 못하고 있다. 병원도 많이 무너졌다. 어느 병원을 가도 환자들이 넘쳐 났다. 평소였다면 의사 몇 명이 긴급하게 수술해야 할 환자들이 병원 앞길에 누워 있다. 링거 주사라도 맞고 있는 환자는 그나마 다행이다. 병원마다 약과 의료품이 동이 났다.

구호품으로 준비한 의료품을 전달하기 위해 찾아간 한 병원에서는 우리를 붙잡고 마취제가 있느냐고 했다. 마취하지 못한 상태로 수술을 진행하고 있었던 것이다. 마취제를 구호품 목록에 넣었다가 마지막에 제외한 것이 후회되었다. 팔이나 다리가 골절되었는데 깁스를 할 재료가 없어 종이 상자나 막대기를 대고 끈으로 묶어 준 경우는 허다하다. 의사나 간호사들이 수술용 장갑을 계속 사용할 수밖에 없는 상황이다. 품위 있게 치료를 받을 수 있는 환자의 권리 같은 것은 꿈같은 이야기다.

재난 발생 5일 차에 접어들면서 통신이 조금씩 복구되고 있다. 현지에서는 이동 전화가 가능해졌다. 로밍해 온 전화는 여전히 불통이지만, 현지 이동 전화는 통화 가능 지역이 제한되고 통화 품질은 떨어지지만 사용이 가능하다. 전기는 여전히 들어오지 않고 있다. 발전기가 설치된 집에서는 발전기를 돌려 전기를 사용하고 있다. 물을 구하는 일은 여전히 어렵다. 영업을 중단했던 주유소가 어제부터 다시 문을 열었다. 주유소 앞에 기름을 사려는 사람들이 길게 늘어서 있다. 위성 인터넷을 사용하는 집들은 발전기를 돌리면 인터넷 사용이 가능하다.

현재 아이티의 치안 상태는 대규모 지진 피해를 입은 것에 비하면 양호한 편이다. 많은 사람이 우려하던 폭동이나 약탈 같은 사건은 지금까지는 발생하지 않았다. 유엔군이 치안 유지를 담당하고 있는 것도 치안 안정의 한 요인이다. 세계 많은 나라가 구호 활동에 참여하기 위해서는 치안 안정이 절대적으로 필요하다. 이 일을 위해 아이티 정부나 유엔이 큰 노력을 기울이고 있는 흔적을 곳곳에서 볼 수 있다. 구호 활동을 위해 호위를 요청할 경우 유엔군이나 경찰이 가능하면 들어주고 있다. 우리 팀도 오늘은 현지 경찰의 에스코트를 받으며 구호 활동을 했고, 내일은 유엔군의 호위를 받으며 구호 활동을 하기로 했다.

오늘 오후에 다시 찾아간 지진 피해 지역에 장이 섰다. 손바닥 만한 좌

판에 쌓인 물건들이 한없이 초라해 보였다. 하지만 거기서 생명의 기운을 느낄 수 있었다. 다시 살아야 하겠다, 다시 시작해야 하겠다는 사람들의 외침 소리를 거기서 들었다. 호객하는 소리가 '우리 함께 다시 살아보자.'라는 소리로 들렸다. 아이티는 일어나야 한다. 유난히 아픔과 상처가 많은 나라, 아이티가 울고 있다. 아이티의 눈물을 닦아 주고 싶다.

이렇게 시작된 아이티 지진 구호는 우리 봉사단으로서는 이례적으로 2월 중순까지 약 한 달 동안 5차례에 걸쳐 진행되었다. 그 어떤 지역보다도 어려운 환경과 사람들이 우리 마음을 꼭 붙들고 있었다. 돈이 생기는 대로 식량 등 현지의 필요에 따라 송금해 현지 선교사님을 통해 집행하거나 필요한 경우 우리 팀이 나가 이 일을 섬겼다. 한 달 동안 아이티를 위해 집행한 금액이 1억 7,000만 원이 훌쩍 넘었다. 4차 지원부터는 아이티에서 특별히 더 고통을 당하고 있던 보육원에 마음을 많이 쏟았다. 어려운 사람들을 위해 '희망의 집'을 지어서 집을 잃고 갈 곳 없는 사람들을 위해 살 거처를 마련해 주었다. 이렇게 만난 보육원은 10년이 지난 지금도 여전히 지원 중이다. 고아들이 먹고 공부하는 일이 계속될 수 있도록 하는 지원이다.

지진이 일어나기 전부터 지금까지 미국에서 아이티의 고아들을 돕는 'Helping Hands Mission Network'의 조항석 목사님은 우리의 부탁을 받고 아이티로 이동하면서 이 일을 다음과 같이 표현했다.

심부름하러 갑니다. 콜레라의 위험이 여전해서 아이들에게 깨끗한 물을 마시게 하려고, 쌀밥도 먹을 수 있게 하려고 다녀갑니다. 2주 전 아이티에 콜레라가 발생했다는 소식을 들었을 때 참 속상했습니다. 3,000명이 넘는 사람들이 감염되고 많은 사람이 죽고 전국적으로 번져 가고 있다는 소식에 보육원에 있는 우리 아이들은 어떤가 염려도 되었습니다.
하나님 앞에서 예배 시간에 울었더니 효과(?)가 있었습니다. 하나님이 들으시고, 서울로 연락을 하셨던 모양입니다. 한국기독교연합봉사단 재난 구호팀을 섬기는 집사님과 전화 연락을 하게 되었습니다. 조현삼 목사님과도 통화했습니다. 우리 아이들에게 석 달 치 쌀과 정수 약을 행정비까지 챙겨서 보냈습니다. 심부름 갑니다. 여전히 아이들 생각에 마음이 복잡해 큰 소리로 웃지는 않아도 사실은 요즘 신이 나서 돌아다닙니다, 실실 웃으면서. 정수 약 샘플도 사러 다니고, 아이들에게 다녀올 준비를 하러 다닙니다.

아이티에는 여전히 우리의 사랑을 흘려보내고 있다. 지진은 고통스럽지만 덕분에 우리 봉사단과 아이티는 이렇게 사랑으로 묶였다.

오늘은 지난번과 다르다

재난 지역엔 부족한 것이 많다. 재난을 당하고 2, 3일이 지나도록 아무것도 못 먹는 경우가 빈번하다. 국내의 경우, 재난 발생 후 하루, 이틀 사이에 현장에 도착하곤 하는데 우리 캠프에서 제공하는 컵라면 등의 음식이 재난 후 첫 식사인 때도 있다. 우리나라가 이 정도면 생활이 어려운 나라는 더 말할 필요도 없다.

그중에도 가장 어려웠던 나라를 꼽으라면 주저 없이 아이티를 택하겠다. 아이티는 국가 전체에 정말 아무것도 없는 듯 보였다. 지진 피해가 심했던 수도 포르토프랭스 주변뿐만 아니라 국경 근처의 어떤 마을에서도 사람이 무언가 먹고 있는 모습을 찾아보기가 힘들었다. 그러니 사람들이 날카로워질 수밖에 없었다. 어디서 어떻게 폭발한다 해도 이상하지 않을 것 같았다. 이런 까닭에 구호품을 준비하는 일도 중요하지만 나누는 일에서도 조심에 조심을 더해야 했다. 게다가 소나피 공단에서 함께 머물던 미국 구호팀 중에 길거리에서 권총 강도를 만나, 가지고 있던 소지품 전부를 빼앗긴 사례도 있었다. 이런 위험에도 불구하고 고통 가운데 있는 사람들에게 어떻게든 식량을 전달하고 싶었다.

성백철 목사님과 나는 구호품을 나눌 곳을 찾아 답사했다. 일반적으로 통제가 가능한 지형이나 지물이 있고, 주변 지역보다 형편이 어려운 사람들이 모여 사는 곳을 찾는다. 몇 군데를 다닌 후 한 장소를 정했다. 운동장이었다. 사람들 수도 지나치게 많지 않아 우리가 가진 구호품 수량과 비슷하게 맞을 듯싶었다. 잘 터지지 않는 휴대폰으로 힘겹게 본부에 연결해 어디 어디 근처에 있는 운동장이라고 설명했다. 곧 출발할 수 있다는 대답을 듣고 전화를 끊었다.

우리는 먼저 한국에서 가지고 온 "한국 교회는 여러분을 사랑합니다."라는 내용의 플래카드를 걸었다. 옆에서 로이터 통신 기자가 우리에게 구호품을 나눌 것인지 물었다. 그렇다고 대답하자 자신이 오늘 구호품을 나누는 사진을 본사에 보내야 하는데 찍어도 되겠냐고 정중하게 허락을 구했다. 당연히 괜찮다고 했다. 며칠간 아직 구호품을 나누는 모습을 한 번도 보지 못했다고 했다. 로이터 기자의 그 말이 현장에서 구호품을 구하기가 얼마나 어려운 일인지 증명해 주는 것 같았다.

나와 성 목사님을 만나기로 한 우리 팀은 유엔군의 호위를

2부 때때로
_무모한 개척자가 되기도 한다

받으며 구호품을 나눌 운동장으로 출발한다고 연락을 주었다. 재난 현장에서는 오랫동안 굶주린 이재민들이 있을 때 무장한 군이나 경찰에 호위를 부탁한다. 무장한 공권력을 보면 흥분한 이재민들도 애써 질서를 지키려고 노력하기 때문이다. 이번에는 브라질에서 온 유엔군이 우리를 호위해 주기로 했다.

본부에서 우리가 있는 곳까지는 약 15분이면 오는 거리인데 1시간이 지나도록 구호품을 실은 우리 팀이 도착하지 않았다. 로이터 기자도 연신 자신의 시계를 쳐다보았다. 2시간이 넘게 지나서 조 목사님과 어렵게 통화가 되었다. 구호품 배분 계획을 취소한다는 이야기였다. 더 얘기하고 싶었지만 전화 연결이 끊어졌다. 걸어 두었던 플래카드를 회수했다. 로이터 기자가 "구호품은 안 나누나요?"라고 물었다. 본부에서 어렵겠다는 통보를 받았고 이유는 아직 모른다고 답하고 어쩔 수 없이 철수했다. 아쉬웠다.

본부로 돌아와 어떻게 된 일인지 알게 되었다. 트럭 앞뒤로 장갑차를 탄 유엔군의 호위를 받으며 운동장에 도착하긴 했는데, 황당하게도 우리가 말한 곳이 아니라 엉뚱한 운동장으로 갔다는 것이다. 게다가 팀원들 모두가 위험을 감지하면서 서둘러 그 자리를 떠났다고 했다. 다음은 이때를 회상하며 조 목사님이 쓴 글이다.

도로에는 사람들이 인산인해를 이루고 있었습니다. 유엔군이 호위해 주긴 했지만 차를 타고 가던 사람들 모두가 신변의 위협을 느꼈습니다. 우리 팀을 국립 운동장으로 인도해 준 유엔군은 바로 돌아갔습니다. 원래 약속은 1시간 30분 정도 구호품을 나누는 동안에 호위해 주기로 되어 있었습니다. 그런데 이런 상황이 도래한 것입니다.

국립 운동장에 모여 있던 이재민들이 구호품을 실은 트럭을 보고 모여들기 시작했습니다. 선발로 간 우리 팀을 찾았지만 보이지 않았습니다. 철문을 통해 들어갔기 때문에 폐쇄된 공간이라 착각을 했습니다. 눈에 보이는 수가 그리 많지 않아 그곳에서 구호품 배급을 하려 했습니다. 그러나 동행한 도미니카공화국 주재 선교사님들이 위험하다고 일러 주었습니다. 서둘러 현장을 벗어났습니다. 유엔군의 호위도 없이 출발했던 소나피 공단까지 와야 했습니다. 목이 탄다는 말이 실감났습니다.

재난 현장은 매번 다르다. 지난번에 아무 일 없이 구호품을 전달했다고 이번에도 그렇게 된다는 보장은 없다. 매번 다르기에 하나님을 의지할 수밖에 없다. "하나님, 한 치 앞을 못 보는 저희에게 주의 선하심을 드러내 주옵소서."라고 기도하며 보낼 수밖에 없는 것이 우리 구호팀의 하루다.

저는 못 갑니다

아이티를 처음 알게 된 것은 현지에서 가난한 사람들이 진흙으로 만든 빵을 먹는다는 소식을 들은 다음부터였다. '얼마나 식량이 없으면 진흙을 구워서 먹을까?' 하는 생각에 봉사단 내에 있는 '생명의쌀'을 통해 쌀을 전달했다. 이때 파트너가 되었던 분이 아이티에 거주하는 백삼숙 선교사님이다. 아이티를 위해 사역하는 분들은 몇 명 있지만 인근 국가에 살면서 섬기는 비거주 선교사님들이었다. 하지만 백 선교사님은 아이티에서 현지인들과 함께 거주하며 그 땅을 섬기고 있었다. 그리고 2010년, 아이티에 큰 지진이 일어나 백 선교사님에게 도움을 요청했다.

아이티 긴급 구호 내내 백 선교사님은 우리뿐만 아니라 한국에서 온 모든 팀을 헌신적으로 섬겼다. 취재진도, 구호팀도 대부분 백 선교사님에게 신세를 졌다. 우리 팀을 위해서 밥도 해주었다. 생라면으로 끼니를 때우고 지내야 했던 우리에게 큰 힘이 되었다. 현지에서 고아들 10여 명과 함께 사는 백 선교사님, 긍휼의 마음으로 그 땅과 사람들을 섬기는 모습이 아름다웠다.

백 선교사님은 영어도, 현지에서 사용하는 아이티 프랑스어도 하지 못한다. 처음에는 이 사실을 모르고 통역을 부탁했다가 "저는 현지 말 못해요." 하는 말에 적잖이 당황했다.

'선교사가 현지 언어를 못하면 어떻게 사역하지?' 백 선교사님은 늦은 나이에 아이티로 왔다. 언어를 배우기엔 어려움이 있는 나이였다. 그래서 택한 방법이 함께 사는 사람들에게 한국어를 가르치는 것이었다. 백 선교사님은 아이티에서 한국말로 사역하고 있었다. 그분은 한국말로 모든 사역을 한다. 현지 스태프들과 이야기해 보니 웬만한 의사소통은 한국말로 다 되고 있었다. 현지인의 입에서 "목사님~" 소리가 나와서 놀라기도 했다. 아이티에서 이렇게 한국어로 모든 일이 진행되는 것을 보고는 '현지어를 모르면 현지인들에게 한글을 가르쳐 선교하면 되겠구나.' 하는 생각이 들었다.

우리 팀이 아이티를 나오던 날, 백 선교사님을 만나 "이렇게 위험한 상황에 선교사님을 혼자 두고 가서 어떻게 해요?" 하고 우리의 안타까움을 전했다. 그러자 백 선교사님은 "저는 못 갑니다. 이 아이들을 두고 저는 안 갑니다. 저는 여기에 뼈를 묻을 겁니다. 무슨 일이 있으면 동네 사람들이 나를 지켜 줄 겁니다." 하며 눈물을 흘렸다. 우리는 백 선교사님을 안아 드리고 그 땅을 떠나왔다.

백 선교사님은 2017년 10월, 70세의 나이에 집회를 인도하던 중 몸에 이상을 느껴 치료를 받다가 패혈증으로 주님의 부르심을 받았다. 아이티를 사랑하고 그곳의 고아를 뜨겁게 사랑해 많은 아이를 하나님의 사람으로 세운 백 선교사님은 긴급 구호 가운데 만난 가장 열정적인 한 분으로 기억된다.

그래도 우리는 떠납니다

5
진원지로 가는 213번 도로,
중국 쓰촨성

진앙에서 15km 떨어진 곳

2008년 5월 12일, 중국 쓰촨성에 리히터 규모 8의 지진이 발생했다. 이 소식을 미얀마 사이클론 구호를 하는 중에 들었다. 우리 팀은 조금 일찍 한국으로 들어가 5월 15일 인천공항에서 새로운 팀원을 만나 곧바로 중국에 가기로 했다.

인천공항에 도착하기 전 미얀마에서 중국에 있는 선교사님 몇 분과 현지 사정을 알아보기 위해 통화했다. 통화 후 우리 팀은 다시 일정을 바꿨다. 현지에서 댐이 붕괴할지도 모르는데 그 댐 위치를 중국 정부가 공개하지 않아 더 큰 혼란을 초래하고 있다는 것이다. 처음 생각보다 현지 사정이 더 위험한 듯싶어 조 목사님이 동행하기로 했다. 너무 위험한 곳을 팀원들만 보낼 수 없다는 단장님의 생각이었다. 결국 4일을 늦춘 5월 19일, 우리는 지진 현장으로 함께 떠났다.

5월 19일 저녁 비행기를 타고 긴급 구호팀 4명이 중국 청두 공항에 도착했다. 입국 수속을 마치고 나오니 공항 로비가 피난민들로 가득했다. 사람들의 손에는 침구가 들려 있었고, 우리가 잠시 머무는 사이에도 사람들이 계속 몰려오고 있었다. 리히터 규모 6-7 사이의 여진이 있을 것이라는 보도가 있던 터라 그래도 가장 안전하게 지어졌다고 알려진 공항으로 피난을 나온 것이다.

일단 우리 팀도 공항 한편을 차지했다. 내부에 사람이 머물 수 있는 자리가 점점 줄어들고 있었다. 조 목사님은 "머뭇거리다 이 자리마저 차지하지 못할 것 같다."라며 일단 자리를 잡자고 했다. 자리를 차지하고 보니 침구를 가지고 온 사람이 나밖에 없었다. 2006년 인도네시아 지진 이후로 2년 동안 지진 구호를 하지 않았다 보니, 팀원들 모두가 외부에서 자야 하는 지진 현장의 특성을 잊어버렸다. 우리는 조금 전 타고 온 항공기의 안내 데스크에 가서 담요를 구할 수 있는지 알아봤다. 담요는 없었으나 현장에서 정보를 하나 얻었다. 우리가 타고 온 아시아나 항공이 곧바로 한국으로 돌아간다는 사실이었다.

우리는 공항 로비에서 의논했다. 조금 전 타고 온 비행기를 타고 한국으로 돌아갈 것인지, 아니면 예정대로 구호하러 중국으로 갈 것인지. 겁먹은 사람들의 얼굴을 보면 아무래도 돌아가야 할 것만 같았다. 하지만 재난당한 사람들을 찾아왔다가 공항에서 되돌아간다는 결정을 하기도 쉽지 않았다. 결국 모든 팀원이 구호를 하러 가기로 의견을 모았다.

　공항에서 나와 택시를 잡고 숙소로 이동했다. 사실 택시를 잡아 시내로 들어가는 일 자체가 어려웠다. 택시들이 목적지인 피해 지역 숙소로 가기를 거부했기 때문에 간신히 웃돈을 얹어 주고 탈 수 있었다. 공항에서 차를 타고 가면서 보니 반대편 차선은 마치 주차장 같았다. 기사에게 물어보니 여진 예보 소식을 듣고 피난을 떠나는 차량 행렬이라고 했다. 사람들이 피난을 위해 떠나오는 그곳으로 우리 팀은 들어가고 있었다. 길가에 보이는 집마다 불이 켜진 곳이 거의 없었다. 대부분 집을 떠났기 때문이라고 기사가 설명했다.

　숙소에 도착했다. 숙소를 예약하고 들어온 손님들 대부분이 이불을 들고 마당에 나와 있었다. 봉사단 조끼를 입고 들어오는 우리를 이상하고 불안한

지진의 참상을 그대로 간직한 현장이 눈에 들어왔다.
곳곳이 무너져 내려 있었다. 사실 중간에 몇 번은 돌아가자고 하고 싶었다.
다들 말은 하지 않았지만 긴장감을 감출 수는 없었다.

눈빛으로 바라보았다. 5층으로 지어진 호텔인데 우리 팀 방은 3층에 있었다. 1, 2층은 이미 만실이었다. 저층 방을 달라고 사정했지만 남은 방이 없다는 답변만 돌아왔다. 요청하면서도 사실 우스웠다. 숙소에서 자다가 무너지면 저층은 안전한가? 호텔 측에서도 우리에게 방에서 자지 말고 마당에서 자라고 권했다. 처음에는 방에 짐만 놓고 마당에서 자려고 했다. 그런데 그러기엔 내가 너무 피곤했다.

침대에 누웠는데 그렇게 편할 수가 없었다. 조 목사님은 팀원들의 안전을 위해 밖에 나가서 자자고 했다. 하지만 미얀마 긴급 구호 때문에 피로가 누적돼 방에서 좀 편히 자고 싶었다. 나는 방에서 자겠다고 우겼고, 불안해했지만 조 목사님도 "죽어도 같이 죽고 살아도 같이 살아야지. 어찌 내가 이 목사 시신을 들고 살아서 갈 수 있겠어?" 하며 그대로 방에서 잠을 잤다. 밤에 여진이 심하게 있었다. 나는 옷을 주워 입으며 조 목사님을 깨웠다.

"목사님, 여진이에요. 빨리 밖으로 나가야 해요."

조 목사님이 일어나지도 않은 채 잠꼬대처럼 말했다.

"뭐가 흔들려. 아무렇지도 않구먼. 그냥 자."

잠시 고민했지만 '어찌 내가 조 목사님 시신을 들고 살아서 갈 수 있겠어. 죽어도 같이 죽고 살아도 같이 살아야지.' 하며 그냥 다시 잤다. 그러곤 밤새 단잠을 잤다. 대부분의 청두 시민들은 피난을 가거나 공원에서 자던 밤에 우리는 숙소에서 단잠을 자 버렸다.

남들이 다 떠나는 순간 우리 팀만 들어서는 그 장면에서, 세상 모든 사람이 떠날지라도 어렵고 소외되고 도움 받을 길 없는 한 사람을 위해 오시는 예수님의 모습이 겹쳐 보였다. 예수님의 그 사랑이 한국 교회 안에 흐르고 있기에 일원인 우리도 이재민들을 섬기러 쓰촨으로 들어갈 수 있었다.

청두에서 첫 밤을 보낸 우리 팀은 아침에 지진 피해 현장을 향해 떠났다. 승합차를 구하려 했지만 도무지 불가능해 승용차 2대로 이동하게 되었다. 차에 "구호 차량"이라는 표지를 달아야 한다는 기사들의 이야기를 듣고 광고물을 만드는 곳으로 갔다. "항진구호"라고 크게 쓴 후 "한국광염복무대"라고 작성했다. 중국이라는 특수성 때문에 '한국기독교연합봉사단'을 그렇게 표현했다. 1시간가량 걸려 작업을 마쳤다. 놀랍게도 값을 지불하려고 하자 간판집 주인이 한사코 비용을 받지 않겠다고 했다. 자신도 이재민을 돕는 일에 동참하고 싶다고. 한국에서는 익숙한 일이지만 이를 중국에서 경험하니 새로웠다.

청두에서 1시간을 달려 두장옌으로 갔다. 중국 정부가 긴급 구호 차량을 위해 구별해 놓은 차선을 따라 달렸다. 두장옌에 있는 이재민 수용소를 돌아보았다. 그곳에는 이미 구호품들이 많이 있었기에 우리의 도움이 좀 더 필요한 곳을 찾아가기로 했다. 우리 팀은 진앙 쪽으로 더 들어갔다. 문제는 검문소에서 출입을 제지하는 것이었다. 사정을 거듭해도 문을 열어 주지 않았다. 어쩔 수 없이 차를 돌려야만 했다. 그런데 그곳이 고향인 우리 차 기사가 "험하긴 하지만 돌아 가는 길이 있다."고 하면서 우리를 그리로 안내했다.

공사 중인 고속도로를 따라가는 길이었다. 공사용 트럭들이 다니는 곳인데, 승용차는 가다가 금방 멈춰야 했다. 차 바닥이 땅에 닿아 더 움직일 수가 없었기 때문이다. 기사는 우리 모두에게 내려서 걸어가라고 했다. 그러면 자기가 빈 차를 몰고 뒤따라가겠다고. 이번 지진으로 여동생을 잃은 기사였다. 우리 눈에는 단순한 기사로 보이지 않았다. 재난당한 동족을 향한 애절한 마음이 그대로 느껴졌다. 그렇게 한참을 걸어가다 동네 차를 한 대 빌려 탔다. 사륜구동으로 사람 네 명이 타고 뒤에 짐을 실을 수 있는 차였다. 그 차를 타고 산길을 돌아 진원지로 가는 213번 도로에 들어섰다. 높이가 낮은 승용차가 그 길을 과연 올 수 있을까 했는데 우리 차 기사들은 그 험한 동선을 잘 따라와 주었다. 차를 태워 준 분도 이재민이었다. 사례하려고 했는데 어찌나 극구 사양하던지. 우리는 다시 승용차 2대로 옮겨 타고 산길을 올라갔다.

얼마 달리지 않아 지진의 참상을 그대로 간직한 현장이 눈에 들어왔다. 붕괴 위험이 있어 급히 물을 방류한 댐이 보였다. 댐 좌우 산은 속을 대부분 드러내고 있었다. 이번 지진으로 산사태가 일어난 것이었다. 우리는 원자바오 총리가 어떻게든 길을 뚫으라고 했던 바로 그곳으로 계속 올라갔다. 곳곳이 산사태로 인해 무너져 내려 있었다. 왼쪽은 산사태의 위험이, 오른쪽은 갈라진 땅이, 그 밑은 댐이었다. 여진이라도 발생하면 피할 데 없는 산길이었다.

사실 중간에 몇 번은 돌아가자고 하고 싶었다. 다들 말은 하지 않았지만 긴장감을 감출 수는 없었다. 산 정상 즈음 있는 터널을 지나자 지진으로 무너진 마을이 나타났다. 원촨현에 속한 쉬옌커우쩐이었다. 진원지에서 불과 15km 떨어진 곳이었다. 천막촌이 나타났다. 마을 대표를 찾아가서 만났다. 우리로 하면 읍장쯤 되는 사람이었다. 위로의 말을 전하고 우리가 여기 온 목적을 이야기했다. 무엇이 필요하냐고 물었더니 망설이지 않고 이불을 구했다. 산간 지역이기 때문에 밤이 되면 기온이 뚝 떨어져 추위를 견디기가 힘들었던 모양이다. 몇 개가 필요하냐고 했더니 3,000개가 필요하다고 했다. 이불 값을 계산해 보지도 않고 일단 우리가 구해 주겠다고 했다. 또 무엇이 필요하냐 물었더니 무전기 몇 대와 식용유가 필요하다고 했다. 마을 대표

한 명을 붙여 달라고 했더니 한 사람을 동행 시켜 주었다.

비가 내리고 날은 이미 어두워졌고 청두에 있는 숙소에 도착하니 벌써 밤 11시였다. 다음 날 새벽 4시에 이 지역에서 제일 큰 허화츠 시장으로 가 물건을 구하기 시작했다. 온종일 발품을 팔아 이불 3,000개를 다 구했다. 물건을 구하고 트럭에 실으니 또 자정이었다. 하지만 이 구호품이 내일 추위에 떠는 이재민들에게 전달될 생각을 하니 몸은 피곤해도 마음은 큰 기쁨으로 가득했다.

다음 날 재난 현장에 도착하니 한반도 크기 정도 되는 아바장족창족자치주의 주지사인 양 주석이 우리를 맞이하며 감사를 표했다. 양 주석은 중국과 중국 인민을 대표해서 깊이 감사한다며 두 손을 모았다. 그렇게 힘들게 실었던 구호품도 군인들이 내리니 금방이었다.

구호품을 전달하고 두장옌에 도착해서야 안도의 숨을 몰아쉬었다. 나중에 보니 우리 팀원들 모두 표현을 안 했을 뿐이지 같은 마음이었다. "다시 만나요."라는 인사가 이번처럼 실감 난 때도 없는 것 같다. 우리 팀원들 모두를 살려 주시고 지켜 주시고 보호하신 하나님께 감사한다.

새벽부터 허화츠 시장으로 가 물건을 찾았다.
온종일 발품을 팔아 이불 3,000개를 구했다.
이 구호품이 이재민들에게 전달될 생각을 하니
몸은 피곤해도 마음은 큰 기쁨으로 가득했다.

그래도 우리는 떠납니다

6
눈에 보이지 않는 마을,
미얀마 라부타

외국인은 못 들어와요

2008년 5월 2일, 강풍과 큰 조류를 동반한 사이클론 나르기스로 인해 미얀마에 큰 재해가 일어났다. 사고 소식이 전해지면서 며칠 사이에 사망자가 약 1만 5,000명으로 집계되고 있었다. 후에 피해 규모는 훨씬 큰 것으로 드러나 당시 사망자가 14만 명이라는 언론 보도가 있었다. 미얀마는 외국에 문호를 개방해 주지 않는 나라다. 큰 재해가 발생해 각국의 NGO가 들어가려고 했으나 미얀마 정부에서 이를 거부한다는 보도가 계속되었다.

5월 2일 큰 재난이 발생했다는 소식을 보자마자 제일 먼저 한 일은 대사관에 비자를 신청하는 것이었다. 재난 발생 시 비자가 필요한 나라는 이를 신청하는 일이 급선무다. 시간이 조금만 지나도 비자 발급이 중단되는 경우가 많기 때문이다. 감사하게도 신청을 한 모든 팀원이 급행 비자료를 지급하고 비자를 받았다. 그렇게 우리 팀이 비자를 받고 일주일 후 비자 발급이 멈췄다는 것을 알았다.

5월 8일 저녁 비행기로 양곤에 도착했다. 피해가 가장 극심한 곳으로 알려진 미얀마 남부 라부타는 평소 양곤에서 차로 8시간이 걸리는 곳이다. 수도인 양곤도 피해가 적지 않아 보였는데, 사이클론이 직접 지나간 라부타의 피해가 어느 정도일지 감히 상상할 수 없었다. 다음 날 아침 일찍 일어나 외국인들과 NGO가 모여 있다는 호텔의 식당에서 아침을 먹었다. 구체적인 상황을 몰라 정보를 얻기 위해서였다. 만나서 묻는 사람마다 라부타까지는 들어가지 못한다고 했다. 정부가 통제하는 중이라고. 이 이야기를 들은 팀원들이 모여 회의를 했다. 결론은, "갈 수 있는 곳까지 가보자."였다.

일단 차를 하나 빌렸다. 어차피 멀리는 못 갈 것 같아 비용을 아끼려고 저렴한 승합차를 빌렸다. 차 내부에서 도로 바닥이 훤히 보이는 뼈대만 남은 승합차였다. 1950년대에 생산한 차이니 그럴 만도 했다. 미얀마는 당시 군부의 권력자들이 중고차 시장을 장악해 가격이 어마어마하게 비싸져 차를 구하는 일 자체가 무척 어려웠다.

덜컹거리는 차를 타고 드디어 출발했다. 중간중간 바리케이드와 군인들이 있었는데 예상과 다르게 아무도 제지하지 않았다. 통과, 또 통과, 계속 통과했다. 그렇게 4시간을 달려 뼈데인에 있는 구호 캠프에 도착했다.

그곳에서 캠프를 섬기고 있는 현지인들에게 다시 물었다.

만나서 묻는 사람마다
라부타까지는 들어가지 못한다고 했다.
정부가 통제하는 중이라고.
하지만 우린 갈 수 있는 곳까지 가보기로 했다.

"라부타까지 갈 수 있나요?"

돌아온 대답은 이전과 같았다.

"정부에서 못 들어가게 막고 있어요."

'역시 못 들어가는 모양이구나.' 하면서도 팀원들은 다시 이렇게 고백했다.

"하나님이 허락하시는 곳까지 가 봅시다."

차에 탑승하고 또 달리기 시작했다. 이번에도 역시 아무도 막지 않았다. 우리는 어느덧 라부타에 도착해 그 처참한 광경을 목격하게 되었다. 길에 시체들이 그대로 널브러져 있었다.

서둘러 양곤으로 돌아가야 했다. 들어올 수 있음을 확인했으니 다음 날 도착하기로 한 조현삼 목사님과 함께 구호품을 싣고 다시 와야 했다. 그런데 대여한 차가 영 달리지 못했다. 오프로드 차를 구했어야 했다. 배도 고프고 목도 말랐다. 사람들의 말을 전적으로 신뢰(?)하며 얼마 못 갈 것이라고 생각해 먹을 물도, 식량도 챙기지 않았다. 팀원 한 명이 실수(?)로 라면 3개를 차에 넣어온 것이 전부였다. 생라면 3개로 6명이 하루를 보냈다. 양곤에서 아침 10시에 출발해 다음 날 새벽 4시가 되어서야 숙소로 돌아왔다.

양곤에 도착한 날 또다시 재난 현장에 들어가기 위해 바삐 준비했다. 먼저 돈을 바꿔야 했다. 우리 팀은 3,000만 원을 달러로 가지고 있었고 환전한 돈으로 오늘 구호품을 살 계획이었다. 하지만 이런 계획은 물거품이 되었다. 환전하는 데만 꼬박 하루가 다 지났다. 처음에 1,000만 원을 환전하고 나니 3시간이 지났다. 돈이 맞는지 확인하고 환전하면 될 것 같은데 현지 문화는 아주 달랐다. 몇 번을 세어 보고 돈이 맞는다고 생각하면 현지 돈 100장을 묶어 스테이플러로 찍었다. '앗, 돈을 저렇게 상하게 하다니!' 하는 탄식이 나왔지만 여기서는 이렇게 한다니 어쩔 수 없었다. 이런 과정을 거치니 3시간이 훌쩍 지나갔다. 돈을 담기 위해 기내용 가방 2개가 필요했다. 3,000만 원을 다 바꾸자 늦은 밤이었다. 바꾼 돈이 여행용 가방 6개에 가득했다. 힘들고 지치는 과정이었지만 언제 또 우리가 기내용 가방 가득히 현찰을 담아 쓸 기회가 있을까 생각하니 피식 웃음이 나왔다.

재난 현장으로 가기 위해 사륜구동 차 2대를 빌렸다. 바닥이 훤히 보이는 승합차를 타고 고생한 기억이 있는 데다가 혹시 검문소를 통과할 때 이런 좋은 차가 도움이 될까 하는 마음에 빌린 비교적 고급스러운 차였다. 이미 한 번 다녀온 길이지만, 첫 번째 검문소를 통과할 때부터 긴장됐다. 그런데 이게 무슨 일인가? 경찰들이 오히려 우리 차를 향해 거수경례했다. 우리 차 기사는 당당히 비상등을 켠 채 검문소를 모두 통과했다.

어찌 된 영문인지 어리둥절해하는 우리에게 기사가 설명해 주었다. 우리가 탄 차가 한화로 약 3억 원(이미 10년은 지난 중고차인데)이 넘기 때문에 이 차를 타는 사람이 군 고위층이나 정부 고위 관리일 것으로 생각해 검문 대신 경례를 한다고 했다. 기사는 바리케이드 앞에 긴 줄이 있어도 앞으로 쭉 나가 그냥 통과했다. 아무도 제지하지 않았다.

우리는 배를 빌려 섬으로 들어가기로 했다. 비가 내리는 가운데 작은 배 하나를 빌려 탔다. 혹시 그곳에 있을지도 모르는 사람들을 위해 쌀 2포를 배에 실었다. 40분 정도 지나자 우리는 모두 넋을 놓았다. 세계의 참 많은 재난 현장을 다녀 보았지만 이런 곳은 처음이었다. 재난이 발생한 지 열흘이 되어 가는데 폭이 50m쯤 되는 강 좌우에 시신들이 그대로 널려 있었다. 40분 동안 우리가 확인한 시신만 42구였다. 강에 시신 썩는 냄새가 진동했다. 더 볼

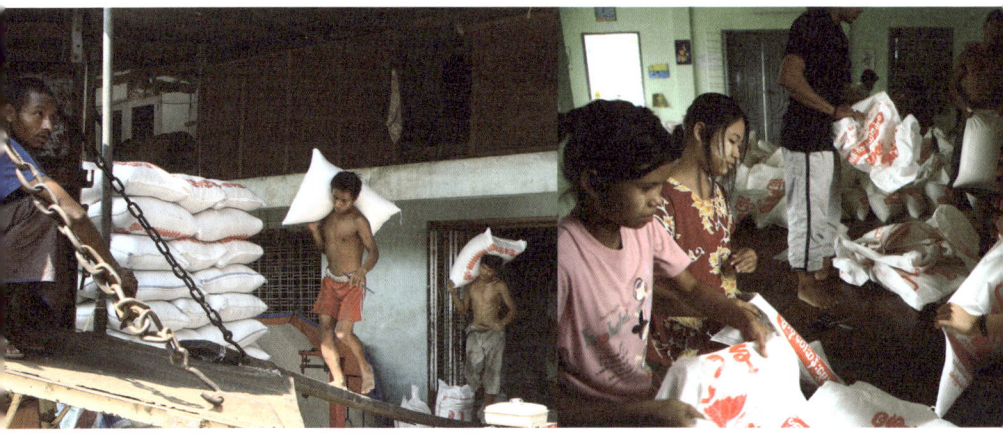

수 없어 그만 돌아가자고 했다. 그래도 이것은 많이 나아진 상태란다. 처음에는 생존자들을 실으러 들어온 배가 시신을 좌우로 밀치면서 다녀야 할 정도였다고 선주는 말했다.

우리 모두 돌아가자고 할 즈음 무너진 집을 수리하고 있는 사람 몇 명이 보였다. 우리가 싣고 간 쌀 2포를 전하기 위해 배를 멈췄다. 그런데 어디선가 사람들이 몰려들기 시작하더니 금방 100여 명이 넘는 인파가 생겼다. 그곳에 마을이 있었던 것이다. 마을 이름은 꺼닝공인데 대부분 이번 사이클론으로 집이 쓸려 내려가 우리 눈에 보이지 않았다. 마을 이장을 만나 이야기를 나누었다. 1,900명이 살던 마을인데 이번에 400명이 죽고 1,500명이 살아남았다고 했다. 아이들도 보였고, 아이를 안은 엄마도 보였다. 모든 것이 쓸려나간 중에도 그들은 살기 위해 무너진 대나무 집을 세우고 있었다.

그들의 필요가 무엇인지 물었더니 먹을 쌀을 달라고 했다. 또 무엇이 필요하냐고 했더니 소금, 지붕용 천막, 이불, 옷, 양념, 디젤유 등을 말했다. 마을

더 많은 시간을
보내며 더 많은
식량을 구해 주고
싶었다.

사람들에게 위로의 말을 전하는데 제일 앞쪽에 있던 승려도 우리의 말을 열심히 들었다. 마을 주민들을 안아 주었다. 특별히 어린아이들을 꼭 껴안아 주었다. 살아 줘서 고맙다고, 잘 살아 달라고.

마을 주민 몇 사람에게 마을에 있는 배를 가지고 뭍으로 오도록 했다. 어둠이 밀려오는 저녁 시간, 비가 부슬부슬 내리고 있었다. 우리는 3팀으로 나누어 마을 대표들과 함께 장을 보러 갔다. 쌀 10톤, 천막 3,000m, 옷, 이불, 소금, 분유, 고추, 디젤유, 기름, 물, 모두 1,000만 원어치를 구입했다. 따라 나온 주민들이 어찌나 놀라며 좋아하던지. 다들 아들을 잃고, 딸을 잃고, 아내를 잃은 사람들이었다. 그런 그들이 함박웃음을 지으며 좋아하는 모습이 오히려 안쓰러웠다. 이 화면은 당시 MBC 시사 프로그램

인 'W'에 방영돼 큰 반향을 일으키기도 했다.

 더 많은 시간을 보내며 더 많은 식량을 구해 주고 싶었지만, 그런 재난 중에도 외국인의 흔적이 남지 않도록 조심해야 하는 현지인들의 상황을 알아채곤 얼른 그 지역을 나와야 했다. 더 주지 못하는 안타까움을 가득 안고 돌아서며, 도움이 절실하게 필요한 상황에서도 국가의 눈치를 봐야 하는 그들이 안쓰러웠다. 이때 우리와 함께 갔던 박예찬 집사님은 1년 후 미얀마에 갔다가 곧바로 추방되어 돌아왔다. 출입국관리사무소에서 이 지역을 방문했던 우

미얀마에서는 우는 사람을 한 명도 만나지 못했다.
당장 먹을 음식을 구하기 위해 눈물은 뒤로 미뤘는지도 모른다.
그들이 다시 울고 웃을 수 있게 되길 소망한다.

리 팀의 여권 사본을 가지고 있다가 취한 조치였다.

미얀마 재난 구호 현장에서는 우는 사람을 한 명도 만나지 못했다. 구호소나 재난으로 마을이 거반 사라진 곳에서 누군가를 붙잡고 물어도 다 가족 중에 사망자 혹은 실종자가 있는 터였다. 우리 같으면 땅을 치며 통곡을 해도 한참을 할 것 같은데 그들은 울지 않았다. 재난을 당하고 울 수 있는 것도 어느 정도일 때인가 보다. 워낙 재난이 크면, 그래서 그 충격이 감당할 수 없으면 사람의 감정 기능에도 이상이 오는 것이 아닌가 하는 생각까지 들었다. 어쩌면 이미 너무 많이 울어 눈물이 말라 버렸는지도 모른다. 아니면 당장 먹을 쌀을 구하기 위해, 그래야 생명을 부지할 수 있는 상황이라 눈물은 뒤로 미뤘는지도 모른다. 그저 넋 나간 사람 같은 이들이 다시 울고 웃을 수 있게 되길 소망하며 기도했다.

넋이 나간 여인

물에 휩쓸려 죽은 사람마다 어찌 가슴 아픈 사연이 없겠으며 소중하지 않은 생명이 어디 있을까. 시간이 오래 지났음에도 그때를 생각하면 아직까지 가슴 아픈 한 여인의 사연이 있다.

수도인 양곤에서 4시간을 달려 도착한 뻬데인에는 기독교 단체에서 운영하는 이재민 캠프가 있었다. 이재민들에게 식량을 공급하고 잠을 잘 수 있는 텐트를 제공해 설치하는 일을 도와주고 있었다. 캠프를 둘러보는데 넋이 나간 듯 보이는 한 여인이 눈에 들어왔다. 왼쪽 팔뚝에 깊이 파인 상처가 있었음에도 신경조차 쓰지 않는 모습이었다. 조심스레 다가가 무슨 일이 있었는

한 여인이 넋이 나간 모습으로 가만히 앉아 있었다.
팔뚝에 깊은 상처가 있는데도 신경조차 쓰지 않는 듯했다.
밤사이 세찬 물살에 아이를 잃은 그녀를 위해 간절히 기도했다.

지 물어보았다. 그런데 그 여인이 갑자기 흐느끼며 울었다. 그녀의 사연은 이랬다.

밤새 내린 비 때문에 물이 많이 차올라 한 살짜리 아이를 목에 업은 채 야자수를 타고 최대한 높이 올라갔다고 한다. 그렇게 세찬 물살 속에서 야자수를 붙들고 몇 시간을 버텼는데 새벽녘에 아이가 더는 버티지 못하고 떠내려가 자기만 살았다고 했다. 그 여인 앞에서 해줄 수 있는 말이 없었다.

이 여인을 도울 방법이 없을까 고민하다 함께 간 선교사님과 그녀를 위해 간절히 기도했다. 긴급 구호를 다니며 이처럼 간절히 한 사람을 위해 기도해 본 적이 또 있었을까 싶다. 힘을 내 살아 달라고 부탁하며 한동안 식량을 구입할 수 있는 돈을 손에 쥐어 주었다. 그 어려운 시기에도 "위로가 된다."는 여인의 고백이 오히려 우리에게 큰 위로가 되었다.

취사병에 대한 배려가 없어

예수봉사단을 섬겼던 전종건 집사님은 긴급 구호팀이 출발할 때 대부분 동행했다. 전 집사님은 잠자리가 변하면 잠을 잘 자지 못하는데도 긴급 구호를 하러 가야 할 일이 생기면 늘 시간을 내어 현장으로 함께 달려갔다. 게다가 무척 꼼꼼한 성격으로 우리가 미처 챙기지 못한 것을 어느 순간 가방에서 꺼내 팀원 모두 깜짝 놀란 적이 한두 번이 아니다. 긴급 구호를 하고 피곤하게 잠자리에 들어도 항상 새벽에 깨어 있었고, 숙소 없이 텐트에서 자거나 숙소가 있어도 조식이 포함되어 있지 않으면 아침 일찍 일어나 우리가 먹을 식사를 준비했다.

팀원들끼리 매번 하는 말이 있다.

"먹을 것이 있을 때 많이 먹어 두자."

구호를 하다 보면 식사 시간을 자주 놓치게 된다. 구호하느라 바빠서 혹은 먹을 것이 없어서 그렇다. 그래서 아침은 먹을 수 있을 때 잘 먹어 둬야 한다. 가다가도 무엇이든 먹을 것이 있으면 그때 먹어 둬야 한다. 그런데도 오랜만에 구호하러 가게 되면 가끔 이 사실을 잊어버린다.

미얀마 긴급 구호를 할 때였다. 어느 날 아침, 전 집사님이 일찍 일어나 우리가 가진 비상식량으로 누룽지를 맛있게 끓였다. "기상!"을 외치면서 누룽지를 먹고 출발하자며 팀원들을 깨웠다. 우리는 덕분에 누룽지를 맛있게 먹었다.

그런데 조현삼 목사님이 먹는 양이 너무 적었다. 건강 관리 때문에 양을 조절해야 하는 시기였다. 그래서 "먹을 것이 있을 때 많이 먹어 두자."는 이야기를 못했다. 조 목사님이 누룽지를 몇 숟가락 뜨고는 자리에서 일어나며 말했다.

"자, 출발하시죠?"

아침을 준비했던 전 집사님이 한마디 했다.

"취사병에 대한 배려가 없어."

다 함께 웃었다. 정리할 시간이 필요한데 곧바로 출발하자니 한 이야기였다. 그리고 우리 팀은 다음 날 새벽까지 아무것도 먹지 못했다. 조 목사님은 "내가 왜 누룽지를 몇 숟가락만 먹었지…."라며 취사병을 애타게 찾았지만 먹을 방법이 없어 슬픈 하루를 보냈다.

정말 마음에 들면 어떻게 하지

미얀마 긴급 구호를 마치고 한국으로 돌아오는 비행기는 태국 방콕을 경유했다. 방콕 면세점에서 조 목사님이 나를 불렀다.

"이 목사, 내가 면세점에서 시계를 봤는데 마음에 드는지 좀 봐 봐."라며 내 손을 잡아끌었다. 평소에도 과거 패션 회사에서 근무했던 내 경력을 믿고 조 목사님이 종종 부탁하는 일이다. 시계가 무척 멋졌고 가격도 적당했다. 매우 좋다는 사인을 보냈다. 그러자 조 목사님이 "이 시계, 이 목사 생일 선물로 사 주고 싶다."라며 구입해서 내 손목에 채워 줬다. 생각해 보니 미얀마에서 긴급 구호를 하는 동안 내 생일이 끼어 있었다.

공항 면세점을 이용하는 것은 이때뿐만은 아니다. 특별히 돌아오는 길에 시간이 된다면 꼭 들른다. 어떤 특정한 물건을 사기 위해서가 아니라 장면을 전환하기 위해서다. 처참한 재난 속에 있는 이재민들, 시체들, 무너진 삶의 터전들이 머릿속을 오래 차지할 수 있다. 그 장면을 빨리 털어 내려는 우리 팀만의 방법이다.

구호하는 동안에도 가급적 많이 웃으려고 한다. 수많은 사상자와 그 유가족들 앞에서는 당연히 그렇게 할 수 없다. 하지만 우리 팀원들끼리만 있을 때는 이동 중에도 가급적 웃으려고 애쓴다. 그래서 긴급 구호를 하러 처음 가는 팀원에게는 우리의 이런 방법을 미리 설명하려고 한다. 현지인들의 아픔에 공감하는 구호팀의 모습만 생각하고 참여했다가 괜히 시험에 들까 봐 하는 사전 작업이다. 평소에도 비난은 잘 하지 않지만 구호를 하는 동안에는 특히 주의해야 한다. 상황에 대한 긴장감도 큰데 누군가의 비난으로 긴급 구호의 과정 자체가 무너질 수도 있다.

그날도 내 생일을 핑계 삼아 강가에서 본 수많은 시체와 최소한의 인권도 보장 받지 못하는 이재민들의 장면을 전환한 것이다. 세련된 디자인의 시계를 샀다. 시계를 사 주는 조 목사님에게 이야기했다.

"목사님, 저 화장품 제 아내도 사용하는데 참 좋아요. 사모님 하나 사다 드리면 어떨까요?"

조 목사님 얼굴에도 사 주고 싶은 기색이 엿보였다.

"그렇지, 괜찮아 보이네. 이 목사가 말한 것이니 틀림없이 좋아할 거야. 그런데 아내가 정말 마음에 들어 하면 어떻게 하지?"

잠시 후 무슨 말인지 해석이 된 나는 주변 사람들에게 미안할 정도로 크게 웃었다.

3부

하지만
역주행도 주행이다

그래도 우리는 떠납니다

1
왜 우린 안 도와줘요?
방글라데시 보리샬

쌀, 그들에게는 생명이었다

2007년 사이클론 시드르가 강타한 방글라데시에 3,000명 이상의 사망자가 발생했다. 뉴스를 통해 본 방글라데시는 울고 있었다. 현지에 있는 선교사님과 통화했다. 피해가 워낙 심해 어떻게 손써 볼 엄두를 내지 못하고 있다는 소식을 전했다. 통째로 쓸려 나간 해안 마을이 허다했다. 긴급 구호팀이 출발해야 할 상황이었다.

현지 시각으로 새벽 3시, 방글라데시 다카에 도착했다. 곧바로 지진 피해 지역인 보리샬로 가려 했지만 차량 이동이 쉽지 않아 일단 잠을 자기로 했다. 이른 아침 남부 지방 최대 도시인 보리샬을 향해 출발했다. 남쪽으로 가는 길은 생각보다 힘했다. 승합차를 타고 이동하다 배를 타고 다시 이동하다 배를 타는 과정을, 가는 동안 3차례 반복했다. 우리나라에 있는 수많은 다리가 얼마나 감사하던지. 보리샬이 가까워지자 곳곳에 끊긴 도로가 보였다. 우리가 탄 9인승 승합차가 간신히 다닐 정도로 도로 사정이 좋지 못했다. 구호품을 구해도 트럭으로 올 수는 없을 것 같았다.

재난 지역인 꼴라빠라 지역에 도착해 몇 가정을 방문했다. 현지 날씨는 약간 쌀쌀했고 어디를 가도 온기를 느낄 수 없었다. "우리는 가진 것이 아무것도 없습니다. 굶고 있습니다."라며 삶에 의욕이 없어 보이는 한 아주머니를 만났다. 먹을 것이 없을 때 느끼는 당연한 감정일 것이다. 아주머니에게 우리가 3일 내로 식량을 가지고 오겠다고 약속했다. 그때까지 꼭 버티고 있으라고 이야기하며 혹시 몰라서 가지고 온 현지 라면을 전했다. 슬픔 가운데서도 라면 하나가 희망이 될 수 있다는 사실을 깨달았다. 대부분의 가정에 아무것도 없었다. 그냥 천막 몇 개로 공간을 만들어 놓았을 뿐이었다.

우리가 온 목적을 말하자 지역 원로들이 모였다. 그들에게 이재민들의 명단을 부탁했다. 사실 모두가 가난했다. 그래도 가급적 이재민들에게 구호품을 정확히 전달하고 싶어 그렇게 부탁했다. 이재민이 무척 많다는 사실을 원로들도 잘 알고 있었다. 방글라데시 정부에서도 못하는 일을 멀리 한국에서, 그리고 한국 교회에서 도와준다는 것에 감사하며 잘 준비하겠다는 말을 잊지 않았다.

보리샬로 돌아와 쌀 60톤을 주문했다. 다음 날 아침에 5톤이 출발하고 저녁에 55톤이 출발할 수 있도록 10kg 단위로 포장을 부탁했다. 20여 명의 현지인이 포장 작업에 투입됐다. 밤샘 작업을 해야 할 것 같았다. 새벽 1시까지 작업을 같이했다. 보통 긴급 구호를 하러 가면 이런 작업은 하지 않는다. 몸으로 힘을 쓰는 일이 두려워서가 아니라 계획을 잘 해야 하기 때문이다. 그렇지만 이날만큼은 일 진행이 너무 더뎌 함께 움직여야 했다. 자정에는 작업을 하다 말고 부탁까지 했다.

"이재민들이 굶고 있어요. 좀 서둘러 주세요."

현지 사람들은 우리 팀의 말에 놀랐다. 가장 큰 도매상을 운영하는 쌀가게 주인은 보통 다른 구호팀은 쌀을 구매하고 준비한 구호품을 통째로 기관에 전달하는데 이 팀은 현장에서 직접 포장을 지시한다며 불만 아닌 불만을 토로했다. 여기서는 얼마나 걸리는지보다 완성됐다는 사실이 중요한 듯했다. 하지만 우리에게는 식량을 간절히 기다리는 사람들이 있어 시간과 완성도 모두가 중요했다.

아침 일찍 작업장에 나갔다. 다행히 먼저 보낼 5톤은 준비가 되어 있었다. 승합차 몇 대로 먼저 내려보냈다. 아주 급한 사람들에게 먼저 나눌 식량이었다. 나를 제외한 우리 팀은 쌀 나누는 일을 함께하기 위해 식량과 같이 내려갔다. 남은 나는 55톤의 식량을 추가로 준비한 후 내려가기로 했다. 밤 12시에 현지로 출발할 배 2대를 임대했다. 안 될 것 같은 작업이 끝났다. 55톤을 10kg으로 포장하고 선적하는 일을 하루 만에 끝냈다. 55톤의 쌀만 잘 전달돼도 그들의 급한 기근은 피할 수 있을 것 같았다.

전날 어느 구호 단체에서 구호품을 전달하다 발생한 두 가지 사고 소식이 전해졌다. 하나는 군인의 호위를 받지 않고 나눠 주다가 몰려드는 사람들 때문에 4명이 사망한 것이었고, 다른 하나는 구호품을 싣고 가다가 다리가 무너져 10명이 사망하고 몇 명의 실종자가 발생한 사고였다. 그 부분들을 위해 기도하면서 군인에게 호위를 부탁했고 현지 정부에 구호품을 나눠 준다는 신고도 했다.

준비한 55톤 쌀은 버러보기 마을 3,000가구, 뼈자꼬랄리아 마을 1,500가구, 뼈로이마리아 마을 1,000가구에 나누었다. 이 일을 도와주었던 이계혁 선교사님이 기적을 이루었다고 했다. 이 선교사님은 안 될 것이라 했었다. 밤 12시에 선적을 한 배가 오후 2시면 도착할 수 있을 것으로 생각했는데 밤 12시가 다 돼서야 도착했다. 아침부터 55톤의 쌀을 나눠 주기 시작했다. 장관이었다. 지금껏 수많은 구호를 다니면서 이렇게 안정적으로 많은 물량을 한 사람, 한 사람에게 전달한 적은 없던 것 같다. 동네에 처음 도착한 구호품이었다. 온 동네의 축제처럼 식량을 가지고 가는 모습이 뿌듯했다.

우리가 쌀을 나누는 사이, 독일 NGO 한 팀이 와서 현장 조사를 하고 있었다. 재난 지역을 다니다 보면 가끔 서양 구호팀을 만나게 된다. 그들은 한국팀의 신속한 구호품 전달에 늘 놀란다. 그들의 절차는 보통 사전 조사를 거

쳐 계획을 세우고 그다음에 사업을 결정하는 방식인데, 우리 팀은 일단 먹이는 데 집중한다는 점이 다른 것 같다.

쌀 10kg 때문에 싸우는 모습도 가끔 보였는데 이 모습은 보는 이들의 마음을 안타깝게 했다. 식량을 내려놓은 현장에 떨어진 쌀을 줍기 위해 흙을 모으고 있는 10살 정도 된 아이가 있었다. 마음이 울컥했다. 손을 잡고 일으켜 주면서 집에 쌀을 사서 가라고 돈을 좀 줬다. 직접적인 피해를 입은 이재민은 아니지만 다 가난한 사람들이었다. 돈을 받은 아이는 뒤도 돌아보지 않고 달려갔다. 쌀, 그들에게는 생명이었다.

한국말을 하는 사람들

긴급 구호를 하다 보면 현지인들의 도움이 필요하다. 외국인인 우리로서는 할 수 없는 일이 많고 현지 사정을 모르기에 엉뚱한 실수를 하는 경우도 허다하다. 그러나 도움의 손길도 언어가 통해야 요청할 수 있다. 간혹 영어를 잘하는 현지인 헬퍼를 만나면 일의 효율성이 무척 높아진다. 우리가 할 일을 나눠 한 팀을 더 만들어서 움직일 수 있기 때문이다. 하지만 영어를 잘하는 현지인을 만나기란 쉽지 않다.

요즘 동남아 지역에서는 한국말을 잘하는 현지인을 종종 만날 수 있다. 그들이 우리를 만났을 때의 반응은 두 가지로 나타난다. 선대하거나 욕을 하거나. 한번은 몽골에서 어떤 사람이 다가와 한국에서 왔냐고 묻기에 그렇다고 하자 다짜고짜 내게 침을 뱉었다. 옆에 있던 현지 사역자가 그 사람과 다툴 뻔했다. 한국에서 일할 때 그를 고용했던 사장이 많이 힘들게 했던 모양이다. 어쩌다 한 번씩 그런 경우를 제외하곤, 한국에서 일한 경험이 있는 대부분의 사람은 우리를 따뜻하게 맞아 준다. 자신의 삶을 바꿔 준 나라로 생각하기 때문이다.

네팔에 지진 구호를 하러 갔을 때의 일이다. 길거리에 텐트를 치고 자는 바람에 화장실을 사용할 수가 없었다. 근처에 있는 상점에 들어가 영어로 부탁을 하자 곧바로 한국말로 대답했다.

"마음껏 편하게 사용하세요. 한국 사람들 좋아요."

한국에서 일해 번 돈으로 이 상점을 차렸다고 자식들까지 다 불러 인사를 시켰다. 방글라데시에서도 현지인들의 도움을 많이 받았다. 그중 한국말을 유창하게 하는 소피라는 형제가 있었다. 한국에서 8년을 살았다고 했다. 소피는 우리가 구호를 시작한 첫날부터 돌아오는 날까지 우리를 헌신적으로 도와주었다.

구호품을 재난 현장까지 전달해야 하는데 차로 이동할 수 없어 배로 실어 날라야 하는 상황이 생겼다. 그런데 지도가 정확하지 않아 그 위치를 찾는 데 무척 고생했다. 처음에 구호품을 배에 싣고 간다고 하자 선교사님이 말렸다. 위험하고 너무 힘든 여정이라고 말이다. 실제로 쌀을 실은 배가 우리보다 먼저 출발했음에도 10시간은 더 늦게 도착했다. 밤새 배 위에서 모기에 물린 흔적을 보니 무척이나 안쓰러웠다. 그런 과정을 거쳐 드디어 이재민들에게 쌀을 나눠줄 수 있었다.

실수로 남긴 돈

준비한 쌀을 열심히 나누고 있는데 10살쯤 되어 보이는 남자아이가 우리에게 다가왔다. 한눈에 보기에도 이곳 사람들과는 다른 모습이었다. 나중에 알고 보니 지역에서 사는 대부분의 사람과 종족이 다른 아이였다. 250년 전에 이곳으로 이주한 사람들인데, 여기서는 소수 민족이라 약간의 차별이 있는 모양이었다.

그 아이가 우리에게 말을 걸었다. 이계혁 선교사님이 크게 웃으며 황당하다는 표정을 지었다. 이 선교사님이 "우리도 피해를 당했는데 왜 우린 안 도와줘요?"라고 통역을 해줬다. 참 당돌했다. 우리 팀은 온종일 아무것도 먹지 못한 탓에 너무 배가 고파서 점심을 먹기 위해 이동하던 참이었다. 그 꼬마를 함께 데리고 갔다. 주위에서 아이를 쫓아내려는 것을 그렇게 하지 말아달라 부탁하고는 함께 앉아 식사했다. 동네의 모든 사람이 부러운 눈으로 아이를 바라보았다. 식사 후 아이가 사는 마을에 가 봤다. 그곳도 피해가 컸으나 이번 식량 배급에서는 빠져 있었다. 마을 대표를 찾아가 쌀을 살 수 있도록 지원해 줄 것을 약속했다.

사실 구호를 마쳐 가는 상황이라 돈이 없어야 맞는데 우리에게는 얼마간의 돈이 남아 있었다. 일부러 남긴 것이 아니라 지출을 담당하는 전종건 집사님이 돈 계산을 잘못해서 남았다. 실은 전날 팀원들이 이런 사실을 알고는 숫자에 그렇게 뛰어난 분이 어떻게 돈을 실수로 남겼냐고 하면서 "하나님이 우리 팀을 통해 쓰실 곳이 있을 겁니다."라고 말하며 웃은 일이 있었다. 이때를 위해 남겨진 것이 분명했다. 주민들이 알고는 무척 좋아했다. 우리는 아이의 집으로 함께 갔다. 이 과정을 아이의 부모에게 이야기하고는 돈을 전해

한 10살쯤 되어 보이는 아이가 우리에게 다가왔다.
이 지역에 사는 대부분의 사람과 종족이 달랐다.
아이는 자신의 마을도 피해를 당했는데
왜 우린 도와주지 않냐며 당돌하게 질문했다.

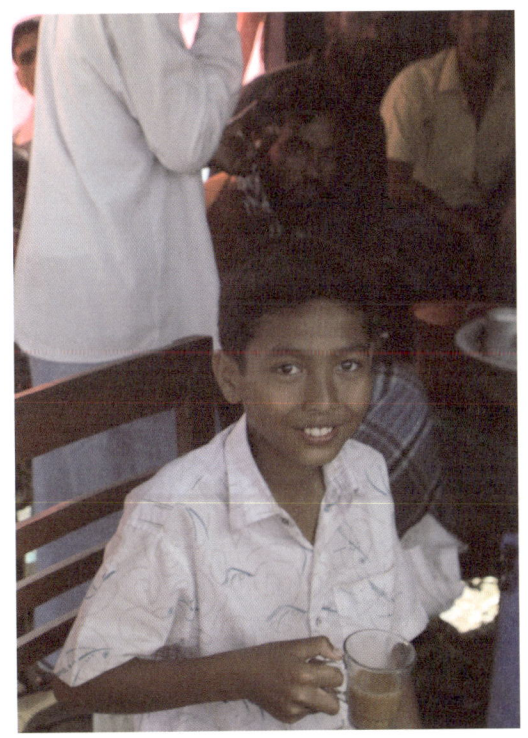

주었다. 그러면서 "이 돈은 여러분이 가난해서 주는 게 아니라 이 아이를 잘 교육시켜 달라고 부탁하는 상징적인 돈입니다."라고 말해 주었다. 아이가 민족을 위해 건강하고 지혜롭게 자라길 축복하며 기도했다.

현지 고용

재난 현장에서 사는 구호품의 양은 최소 10톤 이상이다. 해외로 갈 경우 서울에서 출발하는 긴급 구호팀은 많아야 6명을 넘지 않는다. 만약 그 구호품을 우리 팀원들이 다 싣고 내려야 한다면 아마 진작 이 사역을 그만두었을 것 같다. 지역은 다 달라도 이 구호품을 함께 내리고 실어 준 사람들의 숫자는 셀 수 없이 많다. 현지에서 물건을 싣고 내릴 때는 현지 사람을 고용한다. '구호를 간 사람들이 현지에서 그 일들을 직접 해야지.'라고 생각하는 분들도 간혹 있을 듯싶다. 물론 현장에서는 우리 팀원들도 열심히 돕는다. 하지만 일의 분량이 우리 팀원들끼리만 해서는 도저히 마칠 수 없다. 앞서 이야기했듯이, 방글라데시에서는 종일 우리 팀이 쌀을 포대에 포장하는 작업을 함께 했다.

그런데 어느 날 새벽, 아직도 쌀을 포장하고 있는데 가만히 보니 우리가 주문한 쌀이 아니었다. 얼핏 보기에도 주문한 쌀보다 질이 좋지 않았다. 왜 주문한 것과 다른 쌀을 포장하고 있는지 물었다. 주인이 더 좋은 쌀을 주기 위해서라고 이야기했다. 중간에 검게 썩은 것이 보였다. 마음에서는 화가 올라오는데 웃으며 말했다.

"너무 좋은 쌀 말고 그냥 주문한 것으로 주면 좋겠습니다."

다시 주문했던 쌀을 받아 꼬박 하루 반을 쉬지 않고 포대에 담았다. 이제 이 포대를 배에 옮겨야 했다. 재난 현장까지 이 무게의 쌀을 싣고 갈 방법이 차로는 없어 배를 사용하기로 했다. 55톤이었다. 약 20명의 사람이 구호품을 실으려고 왔다. 20명으로 부족할 것 같아 비용을 지불할 테니 인원을 늘리자고 부탁했다. 일을 시간 내에 끝내려 함도 있지만 일거리가 없는 사람들에게 일을 시킨 후 돈을 주고 싶은 마음도 있었다. 그 마음도 몰라 주고 "이 인원이면 충분하다."는 답이 왔다.

그런데 20명 중에 짐을 옮기는 사람은 10명이었다. 다른 사람은 왜 안 옮기느냐고 물었다. 한 사람은 사장님, 한 사람은 숫자 세는 사람, 한 사람은 경리 등 옮기는 일은 본인들의 몫이 아니라고 했다. 마음이 급한 우리가 서둘러 날랐지만 쌀 몇 포를 옮기고 나니 벌써 몸이 움직이지 않았다. 급한 와중에도 10개를 배로 옮기면 일을 멈추고 제대로 올라갔는지 다시 셌다. 우리가 세고 있으니 걱정하지 말고 계속 옮기라고 해도 현지인들은 자기들의 방법이 있다며 오히려 우리를 위로했다. 종일 이렇게 신경 쓰이는 과정을 거쳐 이재민들에게 힘겹게 구호품이 전달되었다. 힘든 육체노동이지만 이렇게 일을 준 것을 현지인들은 고맙게 여겼다. 가난한 나라에서는 재난당한 이재민도 돕지만 일거리가 없는 사람들에게 임금을 줄 수 있어서 감사하다.

그래도
우리는
떠납니다

2
2,500명을 한 달간 먹이다,
인도네시아 욕야카르타

야자나무 밑에서

한국에서는 지진 현장을 보는 일이 거의 없다. 화면으로는 종종 보지만 실제로 지진이 난 모습을 맞닥뜨리는 것과는 확연히 다르다. 눈앞에서 20층 빌딩이 무너져 내린 상황을 목도할 때 느끼는 두려움은 생각보다 훨씬 크다. 수해의 경우 후반 수습을 하면 되지만, 지진은 여진이 남아 재난 자체를 지속해서 체감하며 지내야 하는 때가 많다.

2006년 5월 27일 인도네시아 센트럴자바주의 인구 밀집 지역에서 진도 6.2의 강진이 일어났다. 불과 몇 시간 만에 사망자 수가 3,000명이 넘었다는 보도를 접하고 출동을 준비했다. 해외에서 재난이 일어나면 제일 먼저 항공권을 확보해야 한다. 보통 항공 일정이 취소되거나 축소되기 때문에 들어가는 비행 편을 구하기가 쉽지 않다. 감사하게도 자카르타를 거쳐 피해가 가장 심한 욕야카르타 지역으로 갈 수 있는 항공권을 예매할 수 있었다. 자카르타에 도착한 후 2시간을 기다렸다가 국내선을 타는 일정이었다.

자카르타에 도착해서 솔로 공항으로 가기 위해 가루다 항공 티켓 구입처로 향했다. 서울에서 출발하면서 인도네시아 국내선을 예약만 하고 티켓을 구입하지 않은 이유는 현지에서 사면 1인당 3만 원 정도가 저렴하기 때문이었다. 그런데 서울에서 비행기를 타고 오는 동안 항공사가 이 예약을 취소해 버렸다. 직원은 '오토매틱 캔슬'이라고 했다. 예약이 속출하자 항공권을 구매하지 않은 우리의 자리를 당연히 먼저 취소했다는 설명이었다. 긴급 재난 구호는 현지에 가장 빨리 가는 것이 중요한데 1인당 3만 원을 아끼자고 잡았던 항공권을 놓쳤다.

우여곡절 끝 2시간 만에 다음 날 아침 7시 표를 얻을 수 있었다. 다음 날 솔로로 가는 비행기를 타고서야 하나님의 계획이 있었음을 알았다. 우리는 현지에서 우리 팀을 도와줄 사람을 찾지 못한 채 서울에서 출발했다. 우리 팀원끼리 한 번도 가 보지 못한 곳으로 향하고 있었다. 그런데 인도네시아 국내선 비행기에서 노란색 조끼를 입고 움직이는 우리를 유심히 보는 사람이 있었다. 솔로 공항에 도착한 후 그는 우리에게 먼저 다가와 자신을 소개했다. 본인 교회에서도 욕야카르타로 긴급 구호를 하러 가려고 계획 중인데, 교회에서 우리 팀을 도울 수 있을 것 같다고 했다. 하나님이 보내 주신 천사를 만난 듯싶었다.

'측량할 수 없는 하나님의 지혜'라는 말을 실감했다.
비행기를 타고서야 그분의 계획이 있었음을 알았다.
우리는 우리의 실수로 일정이 꼬였다고 생각했지만
오히려 하나님의 일정 안에서 많은 사람을 만났고,
기대하지 않았던 도움을 받았고, 없는 길을 걸었다.

우리 팀은 그 형제를 따라갔다. 공항 앞에서 대기하던 밴 2대로 우리의 짐까지 모두 옮겨 주었다. 도착한 교회에서 우리는 예배당 크기에 깜짝 놀랐고 1만 6,000명이 모인다는 얘기에 또 한 번 놀랐다.

'무슬림이 국교인 나라에 이렇게 큰 교회가 있다니….'

교회 측에서 욕야카르타까지 타고 갈 수 있는 차를 내주었다. 밴이 2대였는데 원하면 1대를 우리가 사용해도 좋다고 했다. 그 제의를 어떻게 거절할 수 있을까!

그렇게 출발해 욕야카르타에 있는 현지 교회에 도착했다. 예배당 건물과 주차장이 구호 창고로 사용하기에 적합해 보였다. 교회에서도 그렇게 하라며 구호품을 구입하는 일과 긴급 구호 활동을 도와주겠다고 나섰다. 구호를 진행하는 동안 현지 교회의 도움을 많이 받았다. 예정대로 전날 국내선을 탔다면 이 일이 가능했을까? 내 실수인 것 같지만 하나님이 이 일을 계획하고 이끌기 위해 다음 날 비행기를 준비시키셨음을 알 수 있었다. 하나님은 역시 없는 길도 내시는 분이다.

현지 교회에서 운영하는 구호 캠프가 4곳 있었다. 캠프라고 해서 특별한 시설은 아니고 이재민들이 마을별로 옹기종기 모여 있는 장소에 불과했다. 현지 교회에서 도울 마음으로 시작한 일인데, 문제는 적절하게 지원할 재정이 그들에게 없었다. 우리 팀은 일단 천막 450개를 구하기

천막 450개를 구하기 위해 노력했다.
현재 이곳에서 천막은 이재민들에게 집과 같았다.
우리는 천막을 사는 게 아니라
집 450채를 짓는다는 마음으로 부지런히 움직였다.

위해 노력했다. 처음에는 단순히 뜨거운 해를 피할 목적으로 구입했지만 사실 이재민들에게는 집과 같았다. 그래서 우리는 천막을 사는 것이 아니라 집 450채를 지어 주는 일이라며 서로 격려했다.

이재민 대부분은 무너진 집 옆 야자나무 밑에 거하고 있었다. 우리 팀은 이재민들이 어느 한 곳에 모여 있으리라 생각했는데 대다수가 무너진 집 근처에 그대로 머물렀다. 건물이 무너질까 두려워 논 한가운데 있는 농로에 천막을 치고 있기도 했다.

우리 팀이 천막집을 직접 지어 보았다. 지천으로 널린 대나무밭에 가서 대나무 하나를 잘라다 양쪽 나무와 나무 사이에 얹고 그 위에 천막을 올려놓은 후 양쪽에서 끈으로 묶으면 간단하게 완성되는 천막집이었다. 천막을 치고 있는데 한 남자가 와서 인사했다.

"아저씨, 안녕하세요?"

간호사 출신의 장윤정 선교사님에게는 "아줌마, 안녕하세요?"라고 인사하는 바람에 싱글인 장 선교사님을 흥분하게 만들었다. 20대 중반의 강은애 간호사에게는 애가 몇이냐고 묻는 바람

지진으로 인해 집이 무너진 만큼
외상 혹은 내상을 입었을
마을 사람들의 건강이 염려되었다.

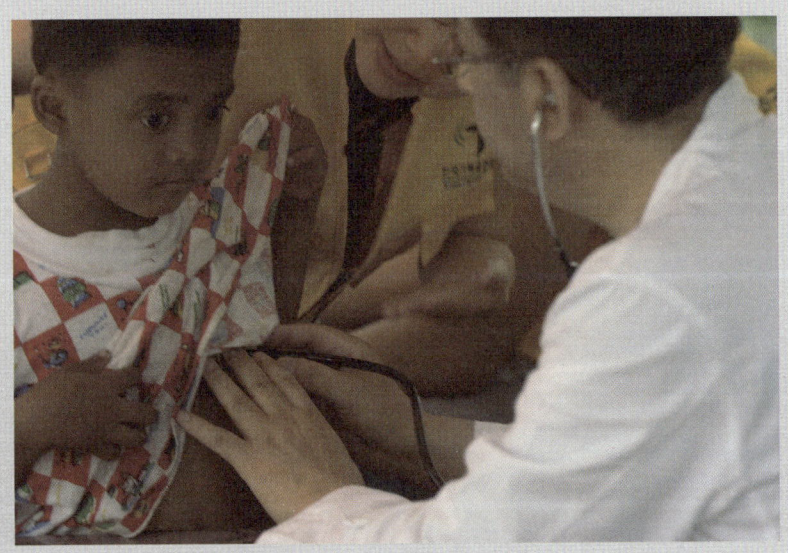

에 거의 실신(?) 지경에 이르기도 했다.

아쿠스는 한국에서 2002년부터 2005년까지 일을 했던 30세 남자였다. 시화공단에서 근무했었다는 그는 "한국 사람 좋아요."를 연발했다. 한국에 가서 번 850만 원으로 집을 지었는데 그 집이 그만 무너져 비를 피할 곳이 없다고 하소연했다. 준비한 천막을 하나 줬다. 그는 기뻐하며 천막과 매트리스를 받아 갔다.

우리는 캠프 4곳에 발전기를 설치했다. 마을 규모에 따라 조금 큰 것과 작은 것으로 나눴다. 첫날, 의사인 오세현 집사님이 진료했던 마을에 가장 큰 발전기를 설치했다. 발전기를 돌리자 동네 가로등에 불이 들어왔다. 마을 사람들이 박수를 보내며 얼마나 좋아했는지 모른다. 그것은 두 번째 캠프에서도 마찬가지였다.

긴급 구호 캠프 4곳에 공동 취사장을 마련했다. 정확히 얘기하면, 공동으로 취사할 수 있는 조리 기구 일체를 구비해서 전달했다. 가스버너, 밥솥, 국솥 등을 구입해 4곳의 캠프에 설치하도록 했다. 무너진 잔해 속에서 건진 솥과 길에서 주운 나뭇가지를 활용해 밥을 지어 먹고 있는 현지인들이었다. 그나마도 건지지 못한 사람들은 며칠을 굶기도 했다고 한다. 이제 주민들이 함께 맛있는 밥을 지어 먹을 수 있게 되었다.

우리가 섬기는 캠프 4곳에 거주하는 사람들은 2,500명이었다. 우리는 이들이 한 달간 먹을 수 있는 쌀과 기름, 설탕 등을 구입해 전달했다. 이 밥을 먹고 힘을 내서 살았으면 좋겠다. 무너진 집들을 다시 일으켜 세울 힘을 이 밥으로부터 공급받았으면 좋겠다.

룸서비스

욕야카르타로 가는 과정에서 한 가지 교훈을 얻었다. 현지에서 항공권을 사는 것이 저렴하더라도 티켓을 서울에서 발권하자는 것이었다. 현지에서 조금 저렴하게 사려고 발권을 미뤘다가 당일 연결되는 국내선을 놓치며 배운 사항이다.

이 일로 예정에 없던 1박을 자카르타에서 하게 되었다. 다행히 어느 기업의 자카르타 지사에 근무하던 부장님 한 분이 회사에서 사용하는 호텔을 저렴하게 예약할 수 있도록 밤늦은 시간까지 남아 도와주었다. 고통받는 이재민을 도우러 온 우리 팀에 감동해 선의를 베풀었다.

사실 긴급 구호를 다니면서 초기에는 저렴한 숙소를 찾아다녔다. 비용을 아끼기 위해서였다. 그러다 2002년 김해의 수해 현장에 구호하러 갔을 때 찜질방에서 잠을 잔 후 생각을 바꿨다. 조금 좋은 숙소에서 자기로. 찜질방에서는 깊은 잠을 이루지 못했고, 다음 날 구호를 하는데 몸이 아주 힘들었다. 그 후로는 피로를 풀 만한 숙소를 찾아 예약한다.

그래도 조금 비싼 호텔은 여전히 망설여진다. 부장님 덕에 숙소를 당일 현장에서 구했음에도 할인을 받을 수 있었다. 그래도 우리 기준에는 조금 비싼 가격이었다. 다음 날 아침 7시 비행기를 타야 했기에 호텔에서 새벽 5시에는 나와야 했다. 조식을 먹을 수 없으니 그 가격을 빼 달라고 했는데 거절당했다. 그것만 빼면 훨씬 가격 부담이 줄 것 같은데 호텔에서는 끝까지 그렇게 해 주지 않았다. 그때 직원이 한 가지 정보를 주었다. 룸서비스는 가능하다고. 이미 몸이 많이 지쳤기에 그냥 그렇게 하기로 하고 숙소로 들어와 잠을 잤다.

다음 날 새벽 4시에 일어났다. 새벽 1시에 들어왔으니 3시간 정도 자고 일어난 셈이었다. 일어나자마자 조 목사님이 눈도 뜨지 못한 채 내게 "룸서비스 시켜." 하며 웃었다. 4시 40분에 룸서비스로 식사가 왔다. 다시 잠든 조 목사님이 음식이 들어오자 일어났다. 한쪽 눈은 여전히 뜨지 못한 상태에서 조식을 먹었다. 숙박비에 포함되어 있다고 새벽에 눈도 못 뜨고 아침을 먹는 조 목사님의 모습이 재밌었다. 구호를 다니면서 우리 팀은 이러고 산다.

어떤 위로는 침묵에서 시작되기도 한다.
진정한 공감은 때때로 목소리가 없기 때문이다.

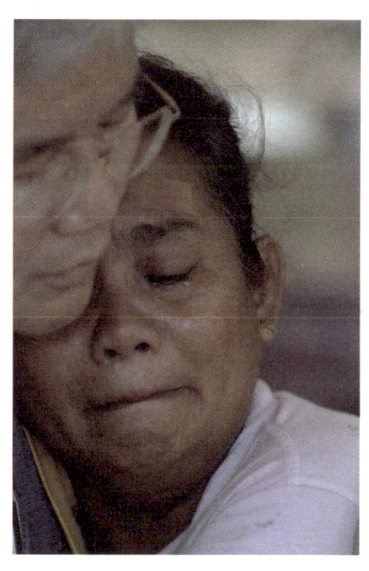

그래도 우리는 떠납니다

3
헬기로 투하한 구호품,
파키스탄 바그

천막이 턱없이 부족하다

2005년 9월과 10월은 유난히 바빴다. 9월에 허리케인 카트리나가 덮친 미국에 구호를 다녀오고 보름 후에 유럽을 돌고 있었다. 이듬해 청년 180여 명에게 유럽을 보여 주리란 소망을 가지고 현지답사 중이었다. 그런데 답사를 하던 어느 날 아침, 파키스탄에서 지진이 발생했다는 소식을 들었다. 아무래도 우리 팀이 움직일 것 같아 서울에 전화했다. 출동을 논의하고 있었고, 곧바로 팀을 꾸려 파키스탄에 가기로 했다는 말을 들었다. 현장에 합류하고 싶었으나 조현삼 목사님의 "청년들과 내년에 누릴 일정이 중요하니 마지막 답사까지 마쳐라." 하는 결정을 듣고 하던 여행을 이어 갔다.

유럽의 이국적인 문화에도 계속 파키스탄에 마음이 갔다. '우리 팀은 지금쯤 어디에 있을까? 오늘 정도면 무엇을 하고 있겠지?' 등 여러 생각이 들었다. 파키스탄에서의 활동은 조 목사님의 글로 대신할 수 있겠다.

파키스탄에 지진이 났다는 소식을 처음 들은 것은 지진이 일어난 당일인 10월 8일 토요일 저녁때다. 교회 사무실에서 동역자에게 들었다. 강도 7.6의 강진에 1,000명 정도가 사망했단다.

"아니 또…."

카트리나로 피해를 당한 미국 구호를 위해 뉴올리언스를 다녀온 지 한 달 만에 또 재난 소식을 듣게 되니 나도 모르게 나온 소리다. 1,000명이 죽었다면 큰 재난이다. 그러나 근래에 워낙 큰 재난이 연속되어 그런지 천 명의 사망자가 발생했다는 재난이 상대적으로 작게 느껴졌다. 일단 사태의 추이를 지켜보기로 했다.

주일이 되자 사망자가 1만 8,000명에 이를 것이라는 보도가 나왔다. 주일이면 4부로 예배를 드리는데, 설교를 한 번 하고 내려올 때마다 사망자 수가 늘었다. 3만 명이 넘으리란 보도가 이어졌다. 예배와 예배 사이에 파키스탄 지진 피해 현장으로 달려가기로 정했다. 교회에서 성도들이 드린 십일조에서 2만 달러를 긴급 구호 자금으로 내어놓았다. 늘 그랬던 것처럼 현장으로 달려가는 구호팀의 항공료는 별도로 교회에서 지원하기로 했다. 재난이 일어날 때마다 함께하는 오정현 목사님에게 전화했다. 사랑의교회에서 우선 2만 달러를 보내 주기로 했다. 이런 일이

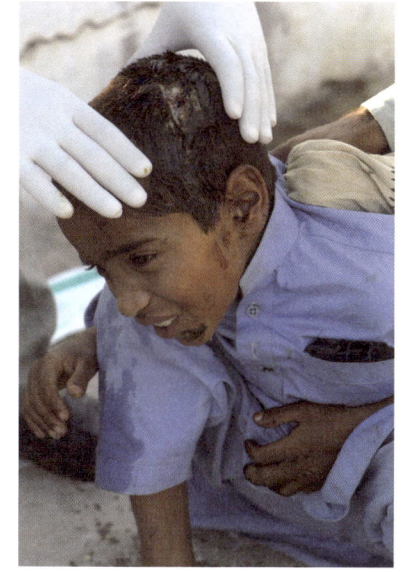

재난 현장을 외면할 수 없는 많은 이유 중 하나는 이미 현장의 처참함과 이재민들의 아픔을 너무 잘 아는 까닭이다.

생기면 먼저 전화를 주시는 홍정길 목사님이 이번에도 연락을 했다. 1만 달러가 더해졌다. 단 몇 시간 만에 5만 달러가 모였다. 의사 2명, 간호사 1명, 구호 요원 3명으로 긴급 구호팀도 구성되었다. 일단 화요일 저녁에 출발하는 비행기를 예약했다.

월요일, 긴급 구호팀 비자를 받기 위해 한 팀이 주한 파키스탄 대사관으로 갔다. 한 팀은 이슬라마바드로 가는 더 빠른 항공편을 찾았다. 한 팀은 파키스탄 현지 교회와 팩스로 협의했다. 의료팀이 주문한 긴급 의약품이 제약 회사에서 배달되었다. 약사인 성도들이 나와 몇 가지 기본 처방에 따라 조제 작업을 했다. 미국에 있는 교포 한 분이 1만 달러를 급히 보내왔다. 대사관으로 간 간사에게서 전화가 왔다. 당일 비자비는 14만

원. 일반 비자는 3-4일 후에 발급이 가능하다고 했다. 준비해 간 서류를 휴대하고 대사를 만나 협의하라고 했다. 해외 재난 현장에 여러 차례 출동하다 보니 이제는 비자를 받으러 갈 때도 미리 영문으로 우리 팀을 소개하는 페이퍼를 지참한다.

오후에 접어들며 비행기 일정을 하루 앞당길 수 있을 것 같다는 연락이 왔다. 팀원들에게 오늘 밤 출국할 가능성이 50%라는 연락을 취했다. 대전으로 내려가기 위해 열차를 타려던 의료팀 가운데 한 사람은 서울역에서 대기했다. 대사관에 간 간사에게서 연락이 왔다. 전원 비자 발급 완료. 비자비 전액 면제. 연이어 여행사에서 연락이 왔다. 월요일 밤 12시 30분 이슬라마바드로 가는 비행기 좌석 확보. 시계를 보니 오후 5시가 가까웠다.

나는 양복을 입고 한 교회를 향해 갔다. 몇 달 전에 약속한 집회에 설교하기 위해서였다. 그 교회에서는 참 오랫동안 기도하며 준비한 첫 대각성 전도집회다. 월요일과 화요일 이틀간 저녁에 내가 설교하기로 되어 있었다.

출동을 결정하고 담임 목사님께 전화를 드려 상황을 설명했다. 지하철을 타고 교회를 찾아가면서도 여기저기에 계속 전화를 해야 했다. 전철역 근처에서 김밥 2줄을 먹고 그 교회를 찾아갔다. 얼마나 반갑게 맞아주던지. 송구스러운 마음이 가득했다. 담임 목사님께 오늘 밤 비행기로 떠나야 한다는 말씀을 드렸다. 목사님도 재난당한 사람들을 위해 한국교회 이름으로 떠나는 것을 아시기에 잡지는 않았다. 이틀 치 설교를 한 번에 다 했다. 설교가 끝날 무렵 성도들에게 이실직고했다. 설교 후에 가장 중요한 일 중 하나가 구호품을 선정하는 일이다.
필요한 구호품은 날마다 바뀐다.
그러다 보니 현장에 '지금' 뭐가 필요한지 파악하는 게 중요하다.

나머지 순서는 참여도 못하고 예배당을 나와 택시를 타고 인천공항으로 달렸다. 공항 화장실에서 옷을 갈아입고 파키스탄으로 출발했다. 한국 교회가 마련한 6만 달러를 들고.

22시간 30분. 인천공항에서 비행기를 타고 이슬라마바드 공항에 도착하기까지 소요된 시간이다. 중간에 두바이와 파키스탄의 카라치를 거쳐 들어갔다. 카라치에서 그곳 교회 형제들의 따뜻한 영접을 받았다. 카라치교회는 재난이 일어나자 자신들도 도와야 한다고 생각하고 함께 모여 기도했다고 한다. 그러나 가진 재정이 많지 않아 안타까워하던 중에 한국 교회 구호팀이 온다는 연락을 받았단다. 기도의 응답이라며 설레는 마음으로 우리 팀을 기다리고 있었다. 카라치교회에서 정성껏 마련한 점심 식사를 맛있게 먹고 우리는 이슬라마바드로 가는 비행기를 탔다. 카라치교회 목사님 한 분을 포함해 3명이 우리와 함께 이슬라마바드로 갔다. 카라치에서 이슬라마바드까지 가는 우리 구호팀의 항공료는 카라치교회가 부담했다. 그렇게라도 참여하고 싶다고 했다.

이슬라마바드 공항에 도착하자 이번에는 라왈핀디교회에서 우리를 기다리고 있었다. 서로 포옹하며 예수 안에서 한 형제임을 확인하며 사랑을 나누었다. 놀랍게도 30명이 우리 팀과 함께 구호 활동을 하기 위해 열흘을 비워 놓고 기다리고 있었다.

우리 팀은 방 하나당 하루 13달러씩에 현지 교회가 예약해 놓은 한 호텔에 도착했다. 이곳은 이슬라마바드 위성 도시인 라왈핀디시에 자리하고 있었다. 감사하게도 하나님이 호텔 1층에 있는 웨딩룸을 무료로 사용할 수 있게 하셨다. 마침 라마단 기간이기 때문에 결혼하는 사람이 없었다. 호텔 주인이 우리가 한국에서 온 구호팀인 것을 알고는 흔쾌히 무료로 사용하라고 내어 주었다. 거기에 '한국 교회 파키스탄 지진 긴급 구호 본부'가 차려졌다.

이불, 담요, 매트리스 등의 구호품을 군용 헬기에 실었다.
그리고 재난 지역의 산골마다 돌며 물품을 투하했다.
지나가는 헬기를 보고 주민들이 소리치며 손을 흔들었다.

다음 날 새벽 5시에 의사, 간호사, 긴급 구호 요원 각 1명을 선발대로 보냈다. 재난 현장에 들어가 구호 캠프를 치기 위함이다. 나를 포함한 나머지 팀원은 구호품을 구입했다. 지진 현장에 들어간 선발대가 가장 필요한 것이 무엇인지 알려 주면 구호 본부에서 구입해 가지고 들어가기로 했다.

재난 구호 활동을 할 때 중요한 일 중 하나가 구호품을 선정하는 일이다. 필요한 구호품은 날마다 바뀐다. 보통 재난 첫날인 경우 물과 먹을 것이 가장 절실하다. 재난의 종류에 따라 옷이 긴급하게 필요한 경우도 있다. 수해가 여기에 해당한다. 재난당한 첫날 쌀을 가지고 들어가는 것은 잘한 선택이라 보기 어렵다. 첫날은 조리하지 않고 그냥 먹을 수 있는 음식이어야 한다. 그러다 보니 현장에 '지금' 뭐가 필요한지 파악하는 것이 중요하다.

그때도, 지금도 파키스탄 지진 현장에 가장 필요한 물품은 천막이다. 이란에 지진이 일어났을 때는 천막이 필요 없었다. 이란은 지진이 자주 발생해서 그런지 적신월사가 보유한 천막이 엄청났다. 그러나 파키스탄은 달랐다. 정부가 보유한 천막을 다 풀었음에도 턱없이 부족했다. 도시마다 천막이 바닥났다. 이재민이 400만 명이라고 하니 당연한 일이었다. 천막의 수요가 많은 까닭은 지진으로 인해 집이 무너졌기 때문이다. 또한 완파되지 않은 경우라 할지라도 여진의 위험으로 집에 들어가 잘 수 없었다. 우리가 있는 동안에도 여진이 계속 일어났다.

구호품 구입팀은 시장으로 갔다. 카라치에서 전화로 예약해 둔 천막을 확보하기 위해서다. 천막집 앞에 사람들이 장사진을 치고 있었다. 피해를 당한 가족과 친척에게 보낼 천막을 사기 위해 온 사람들이었다. 우리가 예약해 놓았던 천막은 줄 수 없단다. 이미 동이 났단다. 시장 전체를 돌아다녔지만 한 장의 천막도 살 수 없었다. 저녁때가 되어서야 겨우 한 장을, 그것도 평소보다 10배나 더한 값으로 구입했다. 다행히 파키스탄의 다른 도시인 라오르에 연락이 닿아 천막 300개를 긴급 주문해서 이틀 후에 받기로 했다.

점심 무렵이면 현장에 도착하리라 예상했던 선발대가 저녁이나 되어야 도착할 것 같다는 소식을 전해 왔다. 그래서 현장의 정보 없이 구입팀이 구호품을 정해야 했다. 이불, 담요, 매트리스를 선정했다. 재난이 일어난 지 5일이 지났기에 생수와 빵은 이미 충족되었을 줄 알았는데 군부대 관계자의 조언에 따라 그것도 일정량을 샀다. 이어 6대 분량의 이불, 담요, 매트리스를 추가 주문했다. 호텔 웨딩룸에 마련된 본부의 창고가 구호품으로 가득했다. 곧이어 동네 사람들이 찾아왔다. 그들은 고맙다는 인사를 빼놓지 않았다.

선발대에서 연락이 왔다. 만쉐라, 발라코트를 거쳐 무자파라바드까지 갔단다. 도움이 가장 절실한 마을을 확인하다 보니 그렇게 먼 곳까지 돌게 된 것이다. 선발대가 들어간 사이, 바그라는 지역에 대한 정보를 듣게 되었다. 우리는 길이 열렸다는 그 지역에 가기로 했다. 새벽 즈음 구호품 구입팀은 라왈핀디에서 구호품 트럭 3대와 함께, 선발대는 무자파라바드에서 각각 출발해 중간에서 만나 바그로 향했다.

새벽 5시부터 구호품을 싣다가 7시 30분에 출발했다. 대관령보다 2배 이상 높은 산을 몇 개씩 넘는다고 생각하면 그 길이 그려질 듯싶다. 굽

이치는 길을 17시간 동안 갔다. 지진으로 길이 무너지고 돌이 굴러와 곳곳에 길이 막혔기 때문이다. 라마단 기간이라 가는 도중 문을 연 식당도 없었거니와 먹을 겨를도 없었다. 고추장이 요기가 되는 것을 이번에 체험했다. 비행기에서 기내식으로 나온 튜브 고추장을 봉사단 조끼에 넣었다. 배가 고프니 그것에 손이 갔다. 튜브를 짜서 고추장을 입에 넣고 물을 좀 마시면 그것이 요기가 되었다. 재해를 당한 이재민들의 배고픔이 그대로 전해졌다.

바그에서 40분 거리에 위치한 군부대에 도착하니 자정이 가까웠다. 시신 썩는 냄새가 여기까지 진동해 도저히 코로 숨을 쉬기가 힘들었다. 이렇게까지 진한 냄새는 처음이었다. 군인들이 경계를 서 주는 부대 안에서 하룻밤을 지내고 다음 날 바그로 가기로 했다. 한국 구호팀과 파키스탄 현지 성도들이 밴 3대를 나눠 타고 함께 왔다. 천막 2개를 치고 그 안에서 함께 잤다. 추웠지만 그래도 이란보다는 나았다. 구호품으로 준비한 매트리스를 땅바닥에 깔고 누웠기 때문이다.

우리 팀은 이렇게 운반한 구호품을 군용 헬기에 싣고 재난 지역 산골마다 투하했다. 지나가는 헬기를 향해 소리치며 손을 흔드는 그들에게 구호품은 생명과 같았다. 산지를 누비며 진료했던 의사 출신의 주누가 선교사님은 "의사로서 가장 보람된 순간이었다."라고 회상했다. 다리와 팔이 부러졌어도 며칠째 방치되어 있던 환자들을 치료하며 한 고백이었다.

그래도
우리는
떠납니다

4
아무리 풍요로운 땅일지라도,
미국 뉴올리언스

얼마를 가져왔는지는 묻지 않았다

2005년 9월, 허리케인 카트리나로 미국 뉴올리언스가 물에 잠겼다는 소식을 들었다. 하지만 미국이라는 이유가 하루 동안 고민을 하게 했다. 미국은 누구나 인정하는 풍요롭게 잘사는 나라인데 굳이 가야 할까 싶은 마음이었다. 미국은 많은 국가를 도와준 나라다. 사람마다 도와준 이유에 대해 다르게 평가하겠지만, 우리나라가 어려웠던 시기에 미국이 보내 준 양식을 많은 사람이 먹고 산 시간도 있었다. 이런 나라를 우리가 돕는 것이 의미가 있을까? 그럼에도 재난당한 이웃을 위로하고 돕기 위해 일단 휴스턴으로 출발했다.

우리 팀이 한국에서 들고 간 구호금은 4만 달러였다. 미국 현지에서 이재민에게 하는 구호를 보며 이 돈이 상대적으로 적게 느껴졌다. 그들은 규모 자체가 달랐다. 재해가 발생한 지역은 뉴올리언스인데 차로 6시간 거리에 있는 휴스턴의 아트리움에 이재민을 수용했다는 사실이 놀라웠다. 모든 것이 체계적이었다. 한국에서 구호하러 왔다고 이야기했더니 여기서 자원봉사자 교육을 받아야 한다고 말했다. '아, 이런 것도 있구나.' 싶었다. 현장에는 의사들과 상담사들이 충분해 보일 정도로 많이 나와 있었다.

그런데 가는 곳마다 "한국에서 여기까지 와 주어서 고맙다."라는 말을 계속했다. 이재민들이 모여 있는 캠프에서도, 현지 자원봉사자들에게서도. 어려움을 당한 자신들과 함께 있다는 사실만으로 그들에게는 위로이자 힘이 누구도 우리에게 얼마를 가져왔냐고 묻지 않았다.
그들은 그저 그 먼 한국에서 자신들을 위해
달려왔다는 사실에 감격했다.

됨을 알 수 있었다. 당시 우리 팀의 구호 일정은 조 목사님의 다음 글을 통해 확인할 수 있다.

미국이 허리케인 카트리나로 큰 피해를 입었다는 사실을 처음 접한 것은 아침 신문을 통해서입니다. 늘 이맘때쯤이면 한 번씩 나는 기사겠거니 하고 지나갔습니다. 그다음 날 신문도 밀어 놓았습니다. 피해 지역이 미국이기 때문에 긴급 구호를 떠나야 한다는 생각이나 부담은 전혀 없었습니다. 그러길 며칠, 지난주 금요일입니다. 하나님이 마음에 부담을 주시기 시작했습니다. "미국의 눈물, 우리가 닦아 주자"는 국민일보에 실린, 아들을 안고 울고 있는 한 미국인 아버지의 사진이 마음을 파고들었습니다. 재난 규모가 사망자만 수천 명에 이를 것이란 사실과 전 세계를 향해 도움을 호소하는 미국 정부의 성명을 보고 늘 하던 대로 달려가기로 했습니다.

주일 밤, 미국 비자가 있는 이석진 목사님과 서정훈 전도사님과 함께 교회에서 마련한 긴급 구호 자금 3만 달러를 들고 비행기를 탔습니다. LA에서 세계로교회(담임 한규삼 목사) 긴급 구호팀을 섬기고 있는 이은재 목사님과 합류해 새벽에 휴스턴에 도착했습니다. 이른 아침 이재민들이 수용된 곳으로 갔습니다. 간단한 자원봉사자 교육 후 받은 밴드를 오른팔에 차고 애스트로돔과 릴라이언센터로 들어갔습니다. 애스트로돔엔 1만 5,000명, 릴라이언센터에는 7,000명의 이재민들이 수용되어 있었습니다. 멍하니 천장을 바라보고 있는 사람, 넋 나간 표정으로 앉아 있는 사람, 분노를 표출하는 사람, 먹을 것을 타기 위해 가는 사람, 그런 와중에도 공을 가지고 노는 아이들. 우리의 사랑이 필요한 사람들이 거기 있었습니다.

애스트로돔에서 우리를 불러 세운 한 이재민은 그날의 상황을 생생하게 들려주었습니다. 지금 이곳의 생활은 천국이라고 했습니다. 열악하기 이를 데 없는 이재민 수용소인데 그는 그곳을 천국이라고 불렀습니다. 뉴올리언스 슈퍼돔에서 보낸 며칠과 비교할 때 분명 그렇답니다. 먹을 것도 없고 전기도 들어오지 않는 슈퍼돔에서의 피난 생활이 얼마나 고통스러웠을지 짐작이 갔습니다.

휴스턴에 수용된 이재민들보다 배턴루지에 수용된 이재민들의 상황이 열악하다는 소식을 듣고 구호품을 구입해 트럭에 싣고 그곳으로 내려갔

그곳에 수많은 이재민이 수용되어 있었다.
멍하니 천장을 보는 사람, 분노를 표출하는 사람,
먹을 것을 받으러 가는 사람,
그런 와중에도 공을 가지고 노는 아이들.

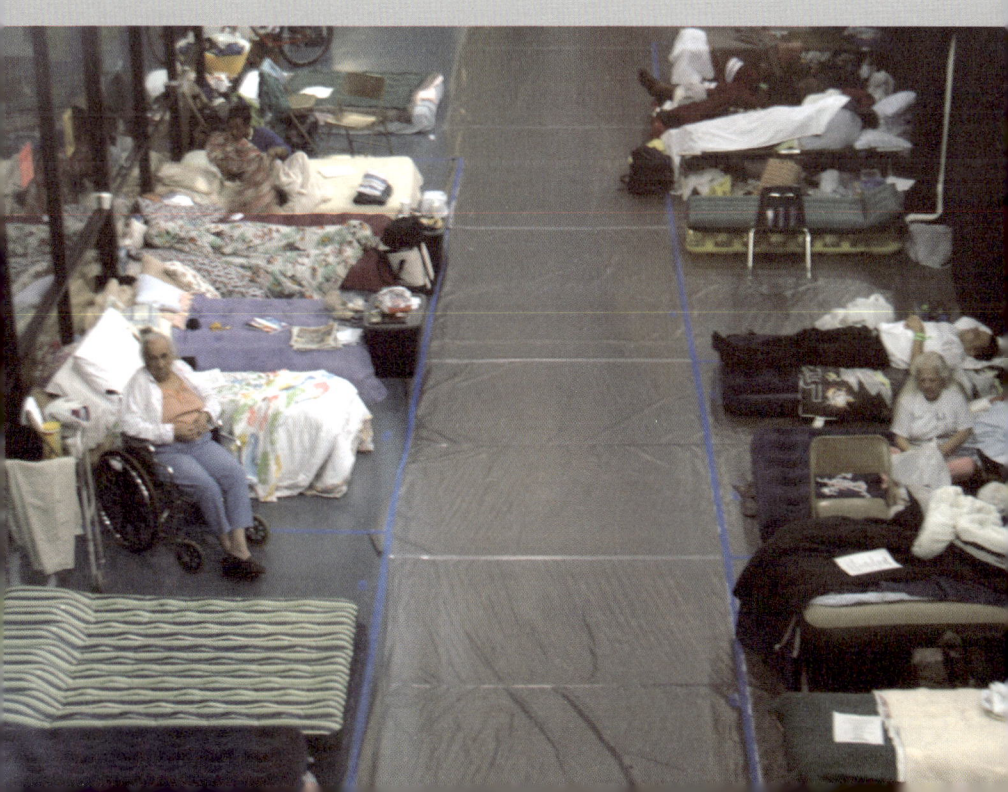

습니다. 휴스턴에서 배턴루지까지는 480km 정도입니다. 서울에서 부산보다 더 먼 거리입니다. 재난당한 뉴올리언스까지는 600km가 넘습니다. 우리 도시를 넣어 설명하면 이렇습니다. 부산에서 재난이 일어났는데 이재민을 멀리는 평양에 있는 대형 경기장에, 가까이에는 마산에 수용하고 부산을 폐쇄한 것과 같은 상황입니다.

하나님이 배턴루지에 한국 교회의 사랑을 전할 곳을 예비하고 기다리셨습니다. 미국 이재민을 수용하고 있는 베다니제일침례교회와 미라클플레이스교회와 한인 이재민들이 수용되어 있는 한인침례교회에 600개의 학생용 배낭과 학용품 세트를 전해 주었습니다. 아이들이 책가방을 받아 들고 얼마나 좋아하던지요. 그것을 바라보는 부모들도 오랜만에 얼굴에 웃음꽃이 피었습니다. 티셔츠, 이온 음료, 손 세정제, 매트리스, 속옷, 탄산음료, 받은 구호품을 담을 수 있는 플라스틱 상자 등 이재민들이 필요한 것을 구입해 전달했습니다. 한국 교회와 미주 한인 교회에서 긴급하게 마련한 약 4만 달러가 이 일에 사용되었습니다.

4만 달러, 피해액에 비하면 아주 적은 돈입니다. 그러나 재난당한 미국 사람들이 얼마를 가지고 왔느냐고 묻지 않았습니다. 그들은 그 먼 한국에서 달려왔다는 사실에 감격하며 감사를 표했습니다. 구호품을 구입하기 위해 갔던 샘스클럽이나 월마트에서 만난 미국인들은 한국 교회의 사랑에 뜨거운 감사를 전해 왔습니다. 어떤 미국 여자분은 다가와 우리 일행을 일일이 포옹하며 "땡큐!"를 연발했습니다. 어려움을 당할 때 누군가 찾아 주었다는 그 사실이 그들에게도 큰 위로와 사랑으로 전해졌습니다.

우리나라와 교회는 미국에 큰 사랑을 입었습니다. 우리가 어려울 때 미국은 우리에게 큰 도움을 주었습니다. 그 미국이 재난을 당해 어려울 때 우리가 그들을 도울 수 있어서 기쁩니다. 이번 미국 긴급 재난 구호를 하면서 확인한 사실이 있습니다. 부자 나라 사람이나 가난한 나라 사람이나 재난당한 사람들은 같습니다. 그들에게는 도움이 필요합니다. 사람의 사랑, 교회의 사랑이 필요합니다. 이 사랑이 절망 가운데서 다시 일어나게 하는 힘입니다.

우리 팀원들은 미국에 가기를 잘했다고 하나같이 입을 모았다. 그저 한국 교회의 사랑을 전하고 싶은 마음으로 왔을 뿐인데, 어쩌면 우리의 수고보다 이곳에서 만난 사람들의 호의 어린 감사와 현장에서 받은 위로가 더 컸던 것 같다.

그래도 우리는 떠납니다

5

모래 위에 지은 집,
스리랑카 콜롬보

작은 파도가 큰 재앙으로

2004년 12월 마지막 주, 한 해를 보내고 새해를 맞이하는 들뜬 분위기가 가득한 가운데 교회는 성탄절과 송구영신 준비로 1년 중 가장 바쁜 때를 맞이하고 있었다. 그때 아시아 지역에 큰 지진과 쓰나미가 발생했다는 소식을 접했다. 사실 이날 전까지 쓰나미에 대해 자세히 알지 못했다. 지진이 크게 나면 지각 변동의 영향으로 파도가 육지를 덮는다는 사실을 몰랐다. 이후에도 몇 번의 쓰나미가 있었지만 이때보다 많은 사상자를 낸 적은 없었던 것으로 기억한다. 우리 팀은 수많은 피해국 중 스리랑카로 향했다. 인도네시아,

태국 등 여러 나라가 동시에 큰 피해를 당했지만 스리랑카에 대한 국제 사회의 관심이 제일 적다고 판단했다. 지금도 사망자 수가 10만 명은 넘으리라 추측할 뿐 정확한 수치를 모르는데, 당시 그곳에 몇 명이 살았는지 파악하지 못했기 때문이다. 영상으로 본 파도의 높이는 생각보다 어마어마하지 않았다.

'이 작은 파도에 왜 그렇게 많은 사상자가 생긴 거지?'

영상만 봐서는 쉽게 이해하지 못했으나 현장에 가 보니 알 수 있었다. 더운 지역인 스리랑카는 해변의 모래 위에 나무 기둥을 몇 개 세우고 바닷가를 따라 집을 짓고 살았다. 보통 여기까지 파도가 들어오지 않아 이렇게 살 수 있던 것이다. 하지만 쓰나미로 인해 파도가 백사장을 넘어 일반 주거지를 침범했다. 자연히 모래 위에 지은 집은 그대로 무너졌고, 자고 있던 사람들은 파도에 휩쓸려 바다로 떠내려갔다. 모래 위에 집을 지어도 괜찮으리라 여겼던 생각이 큰 재앙으로 이어졌다.

2010년 칠레에도 큰 지진이 있었고 곧이어 쓰나미도 발생했다. 그러나 사망자 수는 많지 않았다. 칠레 지진 현장에 도착한 우리 팀은 사실 깜짝 놀랐다. 쓰나미 규모가 보통 크지 않았을 텐데 2004년 아시아 쓰나미보다 사망자가 훨씬 적었기 때문이다. 게다가 우리 눈을 의심케 한 광경이 있었다. 바닷가 근처 산 중턱에 배가 걸쳐 있었다. 배가 쓰나미의 여파로 그곳까지 떠밀려 올라갔다. 물론 야산이라 높은 산은 아니었지만 그래도 파도의 힘으로 배를 밀어 그곳까지 올린 쓰나미의 위력이 두려웠다. 다행히 칠레는 잦은 지진을 대비하기 위해 건물의 내진 규정을 까다롭고 엄격하게 설정했다. 튼튼한 건물 덕분에 피해가 그리 크지 않았다.

우리 팀이 출발한다는 소식을 듣고 한국 교회가 같이 움직였다. 출발 전 함께하기로 한 교회는 소망교회, 주님의교회, 샘물교회, 사랑의교회, 남서울 은혜교회 등이었다. 봉사자뿐만 아니라 구호금으로 준비된 돈이 18만 5,000 달러였다. 이렇게 한국 교회 구호팀은 12월 29일 출발했고, 스리랑카의 수도 콜롬보에 도착해 마당이 있는 현지인의 집을 빌려 창고로 사용했다. 피해가 막심한 남부 지방에서는 구호품을 구하기가 어려울 것이었기에 이 방법을 택했다. 12월 30일에 구호 캠프를 설치해 31일부터 남부에 구호품을 보냈다. 콜롬보에서 구호품을 구입해 4시간 정도 떨어진 골 지방의 구호 캠프로 하루 2-3대의 차량을 보냈다. 물건의 안전을 확보하려고 트럭마다 스리랑카 현지 신학생들이 매일 동승했다.

구호 캠프에 있는 우리 팀원들은 식사할 방법이 없어 매일 콜롬보에서 도시락을 보내 주면 그것을 받아 하루를 살았다. 어떤 날은 도시락이 상해서 하루를 꼬박 굶기도 했다. 이 일을 30일 동안 매일 반복했다. 현지의 다른 NGO로부터 이재민들에게 식량이 공급되기 전까지 우리는 그곳에 유일하게 구호품을 제공했다. 스리랑카 쓰나미 현장을 취재하던 어느 한국 방송국에서는 "매일 같은 시간 여전히 식량을 제공하고 있는"이라는 해설을 덧붙였다. 우리의 수고를 알아주는 격려로 들렸다.

그렇게 30일을 보내던 중 1월 8일, 당시 우리나라 총리였던 이해찬 전 총리가 현장을 방문했다. 이 총리는 이곳에 우리나라 구호팀이 있을 것이라고는 생각도 못했다가 현장에 걸린 태극기를 보고 크게 고무되어 "떠날 때 대사관에서 음식을 대접하도록 말해 놓겠습니다. 꼭 왔다 가세요."라며 격려했다.

당시만 해도 현지에 도착하면 제일 먼저 한국 대사관으로 가서 재외 국민으로 신고를 해야 하는 시기였다. 혹시라도 무슨 일이 생기면 우리가 여기에 우리 팀은 수많은 피해국 중 스리랑카로 향했다.
여러 나라가 동시에 큰 피해를 당했지만
스리랑카에 대한 국제 사회의 관심이 제일 적다고 판단했다.

있었다는 사실을 알리기 위함이었다. 그러나 현지 대사관은 그리 반기지 않았다.

"얼른 돌아가세요. 여기는 위험합니다."

당연히 이해한다. 재외 국민을 안전하게 보호하기 위한 당연한 조치였다. 미안한 것은, 우리 팀의 존재 이유와 어긋나는 조치이기에 따르기 힘들다는 사실이었다. 처음에는 우리가 그렇게 등록을 하러 가면 "이렇게 멀리까지 와서 이 나라를 돕는다고 하니 감사합니다."라는 식의 반응을 내심 기대했다. 하지만 그들의 입장을 인지한 후 걱정 끼치는 일은 최대한 안 하려고 한다.

이렇게 걱정을 끼치는 팀인데 대사관에서 전화가 왔다. 총리가 언급한 식사 스케줄을 잡으며 "총리께서 무척 자랑스러워했습니다. 한국에 있는 교회들의 사랑이 대단하다며 꼭 맛있는 음식으로 정성껏 대접하라고 당부하셨습니다."라고 말했다.

봉사단으로 활동하면서 마음에 지닌 소원이 하나 있다. 마태복음 5장 15-16절 말씀이다.

"사람이 등불을 켜서 말 아래에 두지 아니하고 등경 위에 두나니 이러므로 집 안 모든 사람에게 비치느니라 이같이 너희 빛이 사람 앞에 비치게 하여 그들로 너희 착한 행실을 보고 하늘에 계신 너희 아버지께 영광을 돌리게 하라."

어려운 이웃을 섬기려고 구호하러 가지만 동시에 우리를 보는 많은 이가 하나님께 영광 돌리기를 기대한다.

2005년 새해 첫날을 스리랑카에서 맞이했다. 우리 팀이 스리랑카에서 한 일에 세상은 큰 관심을 두지 않는 것 같았다. 하지만 하나님은 다 기억하시고 그 일을 통해 크신 영광을 받으셨음을 믿는다. 한국 교회가 하나님의 사랑을 들고 재난당한 이웃을 도울 때 그 모습을 보고 하나님께 영광을 돌리는 일이 일어난다. 하나님을 닮은 한국 교회가 사랑이기에 가능한 일이다. 하나님을 인터뷰할 수는 없지만 하나님을 닮은 사람들과 교회를 통해 하나님의 사랑이 알려진다고 믿는다. 세상 곳곳에 하나님의 사랑이 늘 넘치고 있음을 많은 사람이 알게 되기를 소망한다.

아쉽게도 나는 스리랑카에 머무는 동안 한 번도 구호 캠프가 차려진 현장에 가 보지 못했다. 매일 수도 콜롬보에서 구호품을 보내는 역할을 맡았다. 현장에서 느껴지는 역동성과 보람은 세상 어디서도 얻을 수 없는데 아쉬웠다. 현장 상황을 조 목사님의 글을 통해 더 풍성하게 나누고 싶다.

달리는 기차에 해일이 덮쳐 1,000여 명의 사망자가 발생한 스리랑카 남부 해안가 암발라고다입니다. 해일이 얼마나 무섭게 덮쳤는지 현장이 그대로 보여 주고 있었습니다. 마치 아이들이 장난감 기차를 가지고 놀다 여기저기 흩어 놓은 것처럼 객차들이 널려 있었습니다. 해일이 발생하고 2주가 지난 시점에서야 사망자들의 시신을 수습하는 일이 겨우 끝나 가고 있었습니다. 그 근처에서 한 가족 10여 명이 무너진 잔해 속에서 쓸 만한 살림살이를 하나라도 건지기 위해 안간힘을 쓰고 있었습니다. 우리 일행을 보자 가장이 손으로 배를 부여잡고 배가 고프다는 것을 온몸으로 표현했습니다. 가장으로서 그에게 자존심보다 중요한 것은 당

하나님을 닮은 사람들을 통해
그분의 사랑이 알려진다고 믿는다.
세상 곳곳에 하나님의 사랑이 늘 넘치고 있음을
많은 사람이 알게 되기를 소망한다.

장 굶주린 가족들을 먹여 살리는 일이었습니다.

지난 3일(월) 오후 4시 15분 싱가포르 에어라인 편을 타고 스리랑카로 갔습니다. 12월 29일 1진을 보낸 후 마음이 가 있던 재난 현장으로 몸도 갔습니다. 비행기가 콜롬보 공항에 도착한 것은 우리나라 시간으로 새벽 3시 반, 현지 시간으로 새벽 1시 반이었습니다. 비행기 안에서 한잠도 못 잤습니다. 잠을 좀 청하려고 하면 하나님이 마음을 주시고, 생각을 주시는 것입니다.

공항에 대기 중이던 밴을 타고 구호 캠프가 차려진 골 지역으로 밤새 달렸습니다. 한참을 달리자 새벽 미명에 어렴풋이 해일 피해 현장이 나타나기 시작했습니다. 골에 도착하니 새벽이었습니다. 박현덕 목사님이 눈을 비비며 나와 맞아 주었습니다. 그동안 하루 1,000명에서 2,000명에게 매일 구호 키트를 나누어 주었답니다. 콜롬보에 있는 구호 본부에서 구호품을 실은 트럭 2, 3대가 매일 캠프로 온답니다. 한국 교회가 모아 준 재정으로 현지에서 구입한 구호품입니다. 오전에 물품을 트럭 2대에 싣고 나가 이재민들에게 나누어 주면 그사이에 본부에서 보낸 구호품으로 다시 창고가 채워진답니다. 마르지 않는 샘입니다. 처음에는 경찰의 호위 속에 나

해일이 얼마나 무섭게 덮쳤는지 현장이 그대로 보여 준다.
마치 아이들이 장난감 기차를 가지고 놀다
여기저기 흩어 놓은 것처럼 객차들이 널려 있다.

봉사자가 각각 큰 비닐봉지 2개를 나누어 줬다.
그리고 그 안에 쌀, 설탕, 통조림 등
10여 종류의 구호품과 사랑을 가득 채워 보냈다.

누어 주기도 했답니다. 우리 팀들이 위기감을 느낄 정도의 상황도 있었답니다. 모든 것을 다 잃고 며칠을 굶주림 가운데 있던 사람들의 생존을 위한 몸부림이 그렇게 나타난 것 같습니다.

오전 8시가 되자 트럭이 구호 캠프 앞으로 왔습니다. 창고 안에는 다양한 구호품이 가득 쌓여 있었습니다. 우리 팀과 현지인 봉사자들이 창고를 담당하는 권성대 목사님의 지시 아래 일사불란하게 구호품을 적재했습니다. 오늘 오전 구호 대상은 1,000명이랍니다. 모든 구호품을 종류대로 1,000개씩 실었습니다. 구호품을 실은 트럭을 앞세우고 그날의 구호 현장으로 다 같이 출발했습니다.

해일의 힘은 상상 밖이었습니다. 해변 집들이 거의 다 전파되었더군요. 코를 찌르는 악취 속에서 사람들은 무너진 잔해를 손으로 치우고 있었습니다. 그런 길을 따라 15분쯤 가자 그날 우리 팀이 구호 물자를 나누어 줄 곳이 나왔습니다. 놀랍게도 그곳은 불교 사원이었습니다. 전날은 이슬람 사원에서 나누어 주었답니다. 사원 건물 전면에서 구호품을 나누어 주기로 했습니다. 그곳에는 이미 1,000명이 훨씬 넘는 사람들이 모여 있었습니다. 구호 물자를 실은 우리 차가 들어가자 사람들로 덮여 보이지 않던 길이 나타났습니다. 우리 팀은 늘 해오던 방식대로 그날도 티켓을 미리 배포했습니다. 티켓은 하루 전, 재난을 당한 이들에게 현지 크리스천들을 통해 나누어 주었습니다.

드디어 분배가 시작되었습니다. 봉사자가 티켓을 받고 큰 비닐봉지 2개를 나누어 줍니다. 구호품 앞을 지날 때마다 그 비닐봉지 안에는 사랑이 채워집니다. 쌀, 설탕, 통조림 등 10여 종류의 구호품으로 그것이 채워

져 가면서 찌든 이재민들의 표정도 밝아집니다. 여자들에게는 생리대도 나누어 주었습니다. 우리 팀은 피곤한 가운데서도 한 사람, 한 사람 웃으며 구호품을 건넸습니다. 구호품만이 아니라 예수님의 사랑도 전해지

길 소망하면서. 불과 며칠 전만 해도 불교 사원에서 한국 교회가 이렇게 사랑을 나누게 되리라고는 상상도 못했던 일입니다. 이번 일로 인해 기독교에 대한 이미지, 또 대한민국에 대한 이미지는 스리랑카에서 빠르

게 바뀌어 가고 있습니다. 예수님이 사랑이고, 교회가 사랑이라는 것이 전해진다면 더할 나위 없이 기쁜 일이지요. 사랑합니다.

한국에서 큰손이 왔다

봉사단으로 들어온 후원금은 전화 요금 외에는 모두 '긴급 구호와 직접 관련된 곳'에만 사용해야 한다는 것이 봉사단의 기본 원칙이다. 이 후원금이 간접 비용으로 사용되지 않도록 한다. 해외로 긴급 구호를 갈 때는 항공료가 발생하는데, 이 비용은 후원금에서 사용하지 않고 서울광염교회에서 따로 지원받는다. 그렇다 보니 해외에 갈 때는 적정한 인원과 항공료도 함께 계산한다.

스리랑카의 경우 피해 규모가 무척 컸기에 많은 인원이 서울에서 출발했다. 다른 구호 활동보다 현장에 다수의 팀원을 배치했음에도 나는 2주 동안 수도인 콜롬보에 혼자 머물러야 했다. 재난 현장에서 필요로 하는 인원이 상당했기 때문이었다. 콜롬보에서 구호품을 찾아 하루 최소한 두 트럭은 현장에 보냈다. 두 트럭 분량의 물품을 매일 채우는 것은 보통 일이 아니었다. 택시를 타고 가게를 이리저리 돌아다니며 필요한 물품을 주문하고, 주문한 물량이 제대로 가고 있는지 확인하다 보면 하루가 휙 지나가곤 했다.

3-4일 정도를 이렇게 보냈더니 시장에 소문이 났다. "한국에서 큰손이 왔대. 하루에 2,000-3,000만 원어치의 물량을 산대."라고 상인들 사이에 소문이 퍼져 나갔다. 그러자 상인들이 나를 선점하기 위해 내가 있는 창고로 찾아오기 시작했다. 더는 시장을 직접 갈 필요가 없어졌다. 창고에서 가져오는 물건을 확인하고 현장으로 보내기만 하면 되었다.

혼자 2주를 지내다 보니 팀원들과 '함께' 일하는 것보다 훨씬 더 힘이 들었다. 재난 현장에서는 서로 힘을 주어야 한다. 말도, 행동도 평소보다 과장되게 한다. 서울에서는 "아~ 좋다!" 하는 정도의 표현도 여기서는 "우와~~ 굿! 굿! 굿!" 정도는 해주어야 하고, 엄지손가락도 부지런히 들어올려야 한다. 이 시기 이후로는 팀을 나눌 때 누구든 혼자만 보내지 않으려고 한다. 일과가 끝나면 하나님이 주신 기쁨, 감격, 웃음을 팀원과 나누어야 다음 날 사역할 힘이 솟아나는데 혼자 있으면 서로 격려할 대상이 없으니 힘이 더 드는 것을 경험했기 때문이다.

스리랑카에 온 지 3주가 다 되고 서울로 돌아가야 할 시간이 되었다. 아직도 현장에 할 일이 남아 있었기에 구호 팀원을 교체하기로 했다. 서울에서 한정훈 강도사님이 나를 대신해 들어왔다. 한 강도사님과 이틀을 함께 보내며 사역 일정과 경험을 공유했다.

한 강도사님은 우리 교회에서 영어 예배부를 담당하는 교역자로 영어가 유창한 사람이다. 그가 구호품을 안전하게 지켜 줄 신학생들에게 다음 날 스케줄과 약속을 설명하고 있었다. 그런데 그 유창함 때문에 오히려 신학생들이 못 알아듣는 눈치였다. 내일 2시에 트럭 2대가 갈 것인데 이곳에서 몇 시에 만나고 어떤 일을 할 것이라는 설명이었다. 이 광경을 보다 한마디 했다.

"현장에 오면 현장 영어를 해야지 완벽한 영어를 하면 의사소통이 어려워요."

그리고 요점만 정리해서 전달했다. "Two o'clock, two trucks. Okay?"(2시, 트럭 2대, 알겠어요?) 했더니, 신학생들 모두 "Okay"를 외쳤다. 우리는 이것을 '서바이벌 영어'라 부른다.

그래도
우리는
떠납니다

6
열다섯 개의 대형 밥솥,
이란 밤

증기 나는 공장

2003년 12월 이란의 밤이라는 곳에 큰 지진이 일어났다. 며칠 사이 사망자는 상상할 수 없을 정도로 증가했다. 봉사단이 출발해야 할 때였다. 지금은 조금 다르지만 2004년에는 봉사단에서 사용할 수 있는 재정이 그렇게 많지 않았다. 그래서 긴급 구호를 하러 갈 때 항공료는 몇 명이 갈 것인지를 결정하는 중요한 변수였다. 이란행 항공료는 만만치 않았다. 그래서 중동 전문가인 주누가 선교사님, 긴급 재난 구호팀을 섬기는 우은동 집사님, 조현삼 목사님이 다녀오기로 했다. 처음이자 마지막으로 구호팀에 참여했던 우 집사님의 동행은 하나님의 특별한 계획이었다. 군에서 대대장으로 복무했던 우 집사님이 아니었으면 밤 지역에 밥 공장이 만들어지기는 어려웠을 것이다. 현지에서 쓴 조 목사님의 글을 통해 이를 확인할 수 있다.

여기는 이란 밤입니다. 밤 스타디움에 있는 유엔을 비롯해 세계 각국에서 온 NGO들이 모여 있는 천막촌입니다. 프랑스에 있는 통신 회사에서 이곳까지 와 인터넷을 연결해 주고 NGO들의 활동을 지원하고 있습니다. 얼마나 감사한 일인지 모릅니다. 이곳에서 본국으로 현장 사진과 소식을 전할 수 있어 기쁩니다.
지금 밤 지역은 낮입니다. 현지 시각으로 정오쯤 되었습니다. 이곳은 현재 낮에는 덥고, 밤에는 춥습니다. 새벽이 가까워질수록 무척 춥습니다. 바람이 참 많이 붑니다. 얼굴을 한 번 손으로 문지르면 먼지가 손에 뽀얗게 묻어납니다. 우리는 이란 먼지는 몸에 좋다는 말로 서로를 위로하면서 웃었습니다.
오늘 아침 이곳에 와서 처음으로 세수를 했습니다. 머리도 감았습니다. 이렇게 개운할 수가 없네요. 이틀간 재난 피해를 당한 이란 사람들과 같이 천막에서 잤습니다. 바닥에서 올라오는 냉기와 불어오는 먼지를 경험했습니다. 그들의 아픔이나 어려움이 몸으로 느껴졌습니다.
오늘도 한국 교회가 만든 밥 공장에서는 2,000명에게 줄 밥을 짓고 있습니다. 하나님은 우리에게 참으로 귀한 일을 맡기셨습니다. 배고픔과 추위에 떨고 있는 이란 사람들을 먹이고 입히는 일을 맡기셨습니다. 선발대가 이곳에 와서 어떻게 이들을 도울 수 있을까 찾는 중에 하나님은 눈을 열어 밥 공장을 보여 주셨습니다. 눈이라고 불리는 중동 지역 특유의 둥그런 밀가루 빵으로만 연명하고 있는 그들에게 따뜻한 밥과 고기를 먹였으면 좋겠다는 긍휼이 주눈 선교사님 안에 있었습니다. 하나님은 그 긍휼을 통해 일을 시작하셨습니다. 생전 이름도 들어 보지 못한 밥 공장을 만들게 하셨습니다. 밥 공장에서 2,000명이 먹을 밥을 만들어 천막에 있는 사람들에게 배달해 주는 시스템입니다. 대형 밥솥이 15개입니다. 아래서는 가스로 불을 때고 위에서는 장작을 피워 밥을 짓습니다. 어제 밥 공장에서 오프닝 세리머니가 있었습니다. 밤 의회 의장과 현지 최고 이슬람 지도자가 적월사 관계자와 함께 참석해 감사를 표했습니다. 그 자리에서 나는 한국 교회 목사로 소개되었습니다. 그동안은 봉사단 단장이라고만 소개했었습니다. 그 자리에서 한민족복지재단 김형석 사무총장님이 나를 '한국 교회 사랑을 갖고 이란을 찾아온 목사'라고 소개했습니다. 순간 그들이 어떤 반응을 보일지 우리 모두 긴장했습니다. 그런데 놀랍게도 그들은 한국 교회에 감사하다며 늦었지만 성탄을 축하한다는 호의적인 반응을 보였습니다.

사실 그전까지는 봉사단 단복을 입는 것을 자제했습니다. 우리 교회에서 온 팀들은 봉사단 가운 대신 교회 봉사단복을 입었습니다. 교회 것은 한글로만 되어 있고, 봉사단 단복에는 영어로 "한국 기독교"라는 선명한 표현이 있어 우리 스스로 자제했습니다.

그러나 그 시간 이후 나는 봉사단 단복을 당당히 입고 지진 현장 곳곳을 누비며 사랑을 전하고 있습니다. 그들은 밥 공장이나 우리가 가지고 온 물품들이 한국 교회에서 보낸 사랑임을 압니다. 그것이 예수님의 사랑임도 압니다. 한국 교회의 사랑을 한국 교회의 사랑으로 전할 수 있어 참 좋습니다.
밥 공장에서 만든 첫 밥을 들고 천막을 찾아갔을 때 일입니다. 길가에 늘어선 천막 속에 있던 사람들이 나와 도시락을 받으며 가슴에 손을 얹

고 감사를 표시했습니다. 이란 사람들은 고마움을 표현할 때 가슴에 손을 얹고 고개를 숙이더군요.

이곳에서 우리는 한국 교회에서 왔음을 밝히고 예수님의 사랑으로 이 땅을 섬기고 돕는 일들을 계속하고 있습니다. 어떻게 하면 이들을 효과

적으로 도울 수 있을까를 다각도로 기도하며 찾고 있습니다. 지진으로 피해를 입은 이 땅의 사람들을 위한 희망의 집을 지어 주고 싶습니다. 이들을 먹이고, 이들을 입히고, 이들이 살 집을 예수님의 이름으로 마련해 주고 싶습니다.

우리는 밥 공장을 앞으로도 계속 운영하기로 했습니다. 한국 교회의 사랑을 모아 매일 2,000명의 밥을 계속해서 공급하기로 했습니다. 하루 2,000명분 밥을 만드는 일입니다. 하루 1,500달러 정도가 듭니다. 쌀값과 고기값과 가스와 부식 값이 그렇게 듭니다. 우선 2개월간 지속해서 밥 공장을 운영하기로 했습니다. 한국 교회의 사랑은 이것을 넉넉히 감당할 것입니다.

이란 밤 지역은 12개 존으로 구성되어 있습니다. 우리로 하면 동 같은 개념입니다. 그중에 큰 존이 바르왓드입니다. 지금 우리는 바르왓드에서 밥 공장을 운영하고 있습니다. 이 밥은 바르왓드 지역 사람들에게 전해집니다. 지역을 나누어 배달합니다.

바르왓드는 2만 명이 살던 곳인데 그중에 5,000명이 지진으로 죽었습니다. 그중에 5,000명 이상은 부상을 당하거나 인근 도시에 있는 친척 집으로 옮겨 간 것으로 봅니다. 현재 남아 있는 사람을 6,000에서 1만 명으로 봅니다. 밥 공장에서 밥을 매일 2,000명분씩 만들지만 이 사람들은 3일에 한 번 꼴로 이 밥을 받아 먹게 됩니다. 나머지 밤의 11개 존에 있는 사람들은 그나마 이것도 먹지 못하고 있습니다. 그들은 적월사가 나누어 주는 눈이란 밀가루 빵으로 하루하루를 연명하고 있습니다.

한국 교회의 사랑이 이들에게도 전해졌으면 좋겠습니다. 밥 공장을 마련하는 데 들어간 비용이 1만 달러가 채 안 됩니다. 우리 돈으로 1,000만 원 정도면 밥 공장을 만드는 것이 가능합니다. 하루 1,500달러씩 지원되면 2,000명이 먹을 밥을 만들 수 있습니다. 현지에서는 한국 교회의 참여와 지원 여부에 따라 밥 공장을 확대할 계획입니다.

잠시 후 우리는 어린이용 파카를 나누어 주러 나갑니다. 이랜드가 지원한 귀한 사랑입니다. 이번에 비행기 편에 2톤을 싣고 왔습니다. 한국에서 8일날 40피트 컨테이너 2개가 출발합니다. 곧이어 20피트 컨테이너가 출발합니다. 최대한 이른 시간 안에 그 물자들은 현장에 도착할 것입니다. 도착하는 대로 지진으로 인해 한숨과 고통 속에 있는 이 땅의 사람들에게 따뜻하게 입힐 것입니다.

대형 밥솥 15개를 두고
매일 2,000명이 먹을 밥을 지었다.
아래서는 가스로 불을 때고
위에서는 장작을 피웠다.

한국 교회는 사랑입니다. 지금 태극기가 펄럭이는 이란 지진 구호단 천막 속에서는 계속해서 역사가 일어나고 있습니다. 한국의 사랑을 하나로 모으고 있습니다. 이 작은 천막 아래서 하나님은 위대한 일들을 계획하셨고 실행하셨습니다.

선발대로 온 우리 팀은 이곳에서 3일간 금식하며 하나님을 예배했습니다. 우은동 집사님도 금식을 함께했습니다. 우 집사님을 이곳에 보내심에 분명한 하나님의 뜻이 있었습니다. 밥 공장은 우 집사님이 만들었습니다. 대대장을 하시던 그 지휘 능력을 이곳에서 유감없이 발휘했습니다. 마침 한국어를 구사할 줄 아는 래자라는 형제를 하나님이 붙여 주셨습니다. 그는 한국에서 근로자로 3년 반을 보낸 친구입니다. 한국에서 예수를 믿고 개종을 하고 이 땅에 온 사람입니다. 그를 통역으로 내세워 작전하듯이 밥 공장을 만들었습니다.

우리는 이 땅을 밟았습니다. 세계에서 선교사의 수가 가장 적은 나라이기도 한 이란입니다. 그곳에 우리는 예수의 이름으로, 한국 교회의 이름으로 왔습니다. 예수의 사람들이 밟는 땅마다 그곳은 복된 땅이 될 것입니다. 이번에 세계 각국에서 참 많은 사람이 이 땅을 밟았습니다.

"종과 횡으로 행하여 보라. 내가 네가 밟는 땅을 너와 네 후손에게 주리라!"

하나님의 신실한 약속입니다.

오늘 아침 말씀을 묵상하는 가운데 하나님은 하늘의 뭇별을 바라보라고 하셨습니다. 지금은 한 아들도 없는 아브라함에게 하늘을 보여 주시면서 하늘의 별을 셀 수 있으면 네 후손도 셀 수 있을 것이라고 하셨습니다. 그 말씀을 이란 밤 지역의 천막 아래서 오늘 아침에 묵상했습니다. 이번 주일 설교 본문이기도 합니다. 눈에 보이는 상황이나 형편은 한 아들도 없는 상황입니다. 이곳의 상황과 같았습니다. 그런데 하나님은 우리에게 하늘의 별을 보여 주십니다. 이란에, 이 중동 땅에 하늘의 별과 같이 많은 믿음의 사람을 주시겠다는 약속입니다. 놀라운 일입니다. 참으로 놀라운 약속입니다.

나는 오늘 아침 그 말씀을 묵상하면서 이 땅 가운데 하나님이 예비하신 하늘의 별과 같은 사람들을 보았습니다. 지금은 모든 여자가 머리에 루싸리를 써야 하는 상황입니다. 외국에서 오는 외국인 여자라 할지라도 이란에 입국하기 위해서는 머리에 무언가를 써야 합니다. 우리 팀원 중에 여자들은 비행기에서 내릴 때부터 썼습니다.

이제 머리에 썼던 루싸리가 벗어지고 하나님 손의 아름다운 면류관이 씌워지는 그날을 봅니다. 하나님은 이제 이란을 닫힌 나라가 아니라 열린 나라로 만들어 주실 것입니다. 이 땅에 선교의 문이 활짝 열리는 그날을 우리는 기대합니다. 하나님의 약속입니다. 이란에 하나님의 사람들이 하늘의 별과 같이 많아질 것입니다. 지금 당장 우리 눈에는 보이지 않으나 하나님의 약속은 신실합니다. 반드시 하나님은 수많은 별과 같은 이란 크리스천을 보게 해주실 것입니다.

유엔을 비롯한 세계 NGO들이 천막을 친 캠프 안에 한국 교회 천막이 있는 것이 매우 감격스럽고 기쁩니다. 요셉의 가지가 담을 넘었던 것처럼 우리의 가지도 담을 넘어 전 세계 어디에서도 그 과실을 함께 먹게 될 것입니다. 한국 교회, 너무도 자랑스럽습니다. 나는 한국 교회 이란 지진 위로 사절단을 꿈꿉니다. 한국 교회 지도자들이 이란 사람들을 위로하기 위해 이란을 방문하는 꿈을 꿉니다. 지금 비자 발급이 안 되는 상황임을 알면서도 이런 꿈을 천막 아래서 꿉니다. 하나님은 하실 것입니다. 한국 교회는 할 것입니다. 사랑합니다.

긴급 구호를 마치고 우리 팀이 돌아오기 위해 밤 공항에서 테헤란행 비행기를 기다리고 있을 때 일이다. 비행기 출발이 3시간 넘게 지연되자 공항 관계자들이 우리 팀에게 다가왔다고 한다. 그러고는 "한국인들이 우리 이재민에게 많은 도움을 주셨다는 얘기를 들었습니다."라며 물과 음료수를 가져다주었다. 이뿐 아니라 귀빈실에 담요까지 깔아 주며 "자면서 기다리세요."라고 안내해 주기까지 했다고. 사랑은 또 다른 사랑을 낳는다.

4부

___

그래도
곁을 채우면 공백이 줄어든다

1
퉁퉁 부어오른 가구들,
경남 울산

전자레인지 141대

2016년 태풍 차바가 한반도 남부 지방을 휩쓸어 곳곳이 수해를 입었다. 그중 울산 우정동의 하천이 범람하면서 순식간에 물이 차올랐다는 소식에 긴급 구호팀이 출발했다. 보도를 접한 당일 구호품을 챙겨 서둘러 울산으로 향했고 새벽 3시 반에 도착할 수 있었다. 참 신기하게도 국내 지역의 구호를 위해 움직이면 늘 새벽 무렵 다다른다. 현장에 구호 캠프를 설치하고 숙소에 들어가니 새벽 5시였다. 2시간 정도 눈을 붙인 후 아침 7시에 캠프로 나와 이재민들 곁으로 갔다.

태풍이 지나간 자리는 처참했다. 끝도 없이 쏟아져 나오는 쓰레기들이 길을 막았다. 수해 지역이 공통으로 경험하는 일이 있다. 물에 젖은 쓰레기를 처분하는 것이다. 바로 어제까지만 해도 집에서 애지중지 쓰던 물건들이다. 처음에는 물에 젖은 물건들을 어떻게든 말려서 더 써 보려 하지만, 결국 사용할 수 없다는 사실을 아는 데 2, 3일이 걸린다. 이재민들에게는 이 시간이 필요하다. 그러지 않고 곧바로 물건을 쓰레기 취급하며 버리려 하면 그들은 상처를 받는다. 쓰레기처럼 보여도 아직 쓰레기가 아니다.

우리 팀이 도착한 날에도, 그다음 날에도 아까워 씻고 또 씻어 집에 들여놓았던 가구들이 3일 차부터 전부 길로 나왔다. 물을 먹은 가구들이 퉁퉁 부어오르고 냄새를 풍겨 도저히 재활용은 불가하겠구나 깨닫는 시점이다. 이렇게 나온 쓰레기들이 도로를 점령하자 통행이 어려워지기 시작했다.

이른 아침 길에 쏟아져 나온 쓰레기들을 치우기 위해 집게 차를 빌렸다. 집게 차가 들어가는 골목마다 대로가 시원하게 뚫렸다. 백형철 전도사님은 온종일 주차 봉을 하나 들고 오가는 차량을 통제했다. 집게 차를 운전하는 분도 신이 났다. 같은 돈을 받으면서 이재민들을 돕는다고 생각하니 훨씬 보람차다고 하면서 말이다. '모든 사람의 마음에 타인을 돕고자 하는 마음이 있구나.' 또 한 번 확인할 수 있었다. 재난 현장만큼 이 마음을 마음껏 쓸 수 있는 곳이 없는 듯하다.

우리 팀은 3일간 현장에서 구호 활동을 전개했다. 시장 입구에 자리 잡은 봉사단 캠프는 사람들의 필요를 채우는 중요한 통로가 되었다. 서울광염교회에서 준비한 현금에서 5,000만 원이 재난당한 이웃들에게 흘러갔다. 침수된 상가에서 겨우 건진 물건을 구호품으로 구입해 나누기도 했다. 이재민을 끝도 없이 쏟아져 나오는 쓰레기들이 길을 막았다.
수해로 물을 먹은 가구들이 퉁퉁 붓고
냄새를 풍겨 거리로 내몰렸기 때문이다.

도울 뿐만 아니라 상점도 구호하기 위해서였다. 먹을 것과 마실 것을 우리 팀 외의 봉사팀에게도 제공했다.

 피해자들 대부분이, 소유하던 모든 것이 쓸려 내려간 상인들이었다. 그들이 간단한 음식이라도 데워 먹을 수 있도록 전자레인지를 구입해 전달했다. 갑작스러운 선물에 오히려 이재민들이 당황했다. 아무 이해관계도 없는 사람들이 따뜻한 사랑으로 다가오자 그들도 조금씩 웃음을 되찾는 듯했다.

 이번 긴급 구호를 하면서 전달한 물품을 적어 보았다. 전자레인지 141대, 즉석 밥 3,563개, 컵라면 7,255개, 50mL 생수 6,200개, 2L 생수 204개, 20L 생수 20개, 두유 338박스, 빵 2,700개, 초코파이 492박스, 휴지 2,880개, 물티슈 360개, 고무장갑 322개, 커피믹스 32박스, 탄산음료 504개, 일회용 숟가락 980개, 양수기 2개, 안전화 10개, 안전 장화 11개, 주방용품(솥, 가스버너, 주전자, 전기 포트 등), 발전기 1개 등.

 3일간 엄청난 물량을 우정동 일대 이재민들에게 건넸다. 배고플 때, 목마를 때, 출출할 때 들르는 곳이 긴급 구호 캠프였다. 힘든 시기에 그 어려움을 같이 겪어 주는 것이 응원이자 위로다. 구호 캠프는 현지 교회인 대영교회가 이어받아 그 후로도 2주를 더 섬겼다.

물벼락을 맞아도 웃음이 난다

 구호를 떠날 때는 시간이 관건이다. 출발을 빨리 하는 것이 중요하다 보니 아무래도 해외로 구호를 떠나면 목회자가 아닌 일반 성도들이 동행하기 어렵다. 출동을 결정하면 보통 24시간 이내에 떠나야 하는데 직장이 있는 성도

시장 입구에 자리 잡은 봉사단 캠프는
사람들의 필요를 채우는 중요한 통로가 되었다.

들이 어떻게 갑자기 휴가를 내겠는가. 경영하는 성도도 갑자기 일을 정리하고 출발하기가 용이하지는 않다. 그래도 자영업을 하는 성도들은 함께 출발할 수 있는 경우가 종종 있다.

국내는 해외보다 비교적 봉사의 기회가 열려 있다. 현장에 구호 캠프를 설치하면 개인적으로도 얼마든지 시간을 내고 올 수 있기 때문이다. 때로는 교회에서 출발 시각만 알려 줬는데 동참자가 많아 인원이 넘치는 사례도 있다. 이렇게 국내 재난으로 캠프를 치게 되면 거의 한 번도 빠지지 않고 오는 분들이 있다. 긴급 구호 팀장 이사야 집사님을 비롯해 몇 명의 집사님들이다.

국내 재난 구호의 90% 이상은 수해다. 현장에서 집사님들의 활약은 놀랍다. 거의 수해 복구 전문가다. 수해가 나면 집이 흙탕물에 침수되었다고 하는데, 사실 흙탕물은 매우 순화한 표현이다. 수해로 하수도가 역류하고 정화조 뚜껑이 열려 그동안 쌓인 배설물이 물에 휩쓸려 온 마을과 집 안을 뒤덮는다. 물이 차오른 곳에 조금만 있어도 피부가 약한 사람은 금방 벌겋게 트러블이 생긴다. 비가 멈추고 현장 복구가 시작되면 제일 먼저 하는 일은 집 안에 차 있는 물을 빼내는 작업이다. 집에 악취가 금방 퍼질 것이므로 서둘러 오염된 물을 빼내야 한다.

우정동에 달려가 구호 캠프를 설치했을 때도 역시나 익숙한 집사님들이 휴가를 내고 현장으로 달려와 주었다. 봉사단 창고에 있는 발전기와 지름이 10cm나 되는 굵은 호스를 들고 자연스럽게 동네 곳곳을 다닌다. 집 안 여기저기에 고여 있는 물을 빼기 위해서다. 여기저기서 그분들을 부른다. 인기가 좋은 일이다. 가지고 있는 발전기 2대가 쉴 틈 없이 돌아간다.

가끔 발전기는 돌아가는데 물이 빠지지 않는 경우가 있다. 그때도 그랬다. '왜 안 되지?' 하며 이리저리 살피고 호스 안을 살펴보는데 물이 확 나왔다. 물벼락을 맞았다. 결코 깨끗한 물이 아니었다. 악취가 무척이나 심한 물이었다. 그래도 서로 쳐다보며 배꼽을 잡고 웃었다. 긴급 재난 현장에서 피어나는 맑은 웃음이고 기쁨이다.

2
사소한 반가움에서 느껴지는,
경북 포항

언제까지 있어요?

2017년 11월 15일, 리히터 규모 5.4의 지진이 포항에서 발생했다. 지진 발생 소식에 가슴이 철렁 내려앉았다. 개인적으로 해외에서 수많은 지진 현장을 보았고, 그곳에 갈 때마다 하는 기도가 있었다.

"하나님, 지진으로 고통받는 이웃을 열심히 위로하며 섬기겠습니다. 지진을 볼 때마다 두려움이 생깁니다. 원하건대 우리나라에 지진이 없게 하소서. 우리나라가 감당할 수 없을 것 같습니다."

현장의 무참함 앞에서 자연스럽게 나오는 기도다. 그런데 국내에서 생각보다 큰 지진이 발생했으니 깜짝 놀랄 만했다. 다행히 인명 피해가 적어 안도한 후 이재민들의 필요를 채우기 위해 준비하고 11월 16일 현장으로 내려갔다.

국내 구호에서는 챙기는 물품이 많다. 봉사단 트럭을 가득 채우는 분량이다. 이재민들이 언제든 봉사단 캠프에 와서 기본적인 필요를 공급받을 수 있도록 돕는 것이 목표다. 빵, 컵라면, 커피, 차, 물 등이 여기에 해당한다. 빵을 따뜻하게 먹을 수 있도록 호텔에서 사용하는 체인식 토스터도 설치해 둔다. 음료는 마시기 편하게 디스펜서를 비치한다.

출발 전 준비 목록에 체크해 가며 필요 물품을 하나하나 차에 실었다. 국내로 구호를 떠나는 것은 오랜만이라 어느 때보다 신중하게 점검했다. 조금이라도 누락되면 누군가 운전을 해서 다시 가지고 와야 하는 불편을 겪기 때문이다. 출동이 결정된 후 마음이 급해졌다. 밤이 늦기 전에 현장에 도착하고 싶어서였다. 필요한 물자를 싣고 포항에 도착하니 해가 떨어져 이미 어두웠다. 이재민들이 몰린 흥해실내체육관 앞에 구호 캠프를 설치하려고 했다.

캠프를 설치할 장소를 찾아다니는데 현장을 지휘하는 공무원이 제지했다. 나는 "이곳에 우리 캠프가 있으면 이재민들에게 큰 도움이 될 것 같습니다." 하며 허락을 구했다. 그러자 그가 우리 조끼를 보고 말했다. "세월호 사건 때도 끝까지 남아 있던 그 단체네요. 여기서 봉사해 주세요." 마치 하나님이 우리 팀에게 그전에도 애썼고, 지금도 잘하고 있다고 격려해 주시는 듯싶었다.

캠프를 설치하고 컵라면, 시리얼, 구운 빵, 커피, 음료 등을 마련하자 사람들이 줄을 길게 섰다. 약 30분이 지나자 우리 팀은 손발이 척척 맞았다. 컵라면을 받은 한 분이 우리에게 다가와 질문했다.

국내 구호에서는 챙기는 물품이 많다.
봉사단 트럭을 가득 채우는 분량이다.

"서울에서 오셨어요? 전문가들 같은데. 얼마나 계실 거예요?"

아직 잘 모르겠다고 대답하자 "가능하면 이 일이 정리될 때까지 오래 남아 주세요." 했다. 이 역시 때맞춰 잘 내려왔다는 하나님의 칭찬으로 들렸다. 이재민들은 신경이 곤두서 있다. 사소한 것에도 예민하게 반응할 수 있다. 그런 상황에서도 우리를 보고 반가워하며 기대하는 모습을 보면, 하나님의 사랑이 그들에게 그대로 전달되고 있음을 느낀다. 강도 만난 이웃을 도운 선한 사마리아인처럼 우리를 통해 하나님이 사랑이심을 잘 드러내고 싶다.

캠프를 차린 후 이재민들의 필요를 살폈다. 마땅한 매트 없이 대부분 이불 하나만 깐 채 자고 있었다. 급하게 두툼한 매트 1,500개를 구했다. 체육관에 있던 모든 분에게 매트를 나눴다. 매트를 받아 든 한 아주머니는 "오자마자 이런 은박지만 깔고 모포를 한 장씩 받았어요. 지금보다 더 열악했어요. 오늘은 편하게 잘 것 같아요. 허리가 너무 아파 매트가 정말 절실했거든요. 집에서 자다 여기 딱딱한 곳에서 자려고 하니까 온몸이 배겨서 힘들었어요. 정말 감사하죠."라며 기쁨을 표현하기도 했다.

다음 날 포항 지역 기독교협의회에서 캠프를 방문했다. 포항큰숲교회를 담임하는 장성진 목사님은 "이번 지진으로 피해를 본 분들 걱정만 했는데 이렇게 어려움을 당한 사람들을 돕는 장면을 보니 가슴이 뜁니다."라며 동참하고 싶은 의사를 드러냈다. 우리 팀은 이 일에 마음이 있는 분들이 보이면 언제든 함께할 수 있도록 자리를 내어 주고 싶어 한다. 우리는 현지 이재민들의 소원처럼 오래 남을 수 있게끔 포항 지역 교회연합회에 우리 캠프를 맡겼다. 가까운 지역 교회에서 돌아가면서 이재민들의 필요를 채울 수 있었다. 이 구호 캠프는 한 달을 훨씬 넘도록 그 자리를 지키며 이재민들을 섬겼다.

차가운 공간에서 마땅한 매트도 없이 잠을 청하고 있었다.
딱딱한 바닥 때문에 온몸이 배겼다는 말도 들렸다.
낯선 공기도 뻐근한 근육통에 한몫을 했으리라.

그래도
우리는
떠납니다

3
온 국민의 슬픔이 깃든,
전남 진도

망연히 바다를 바라보다

2014년 4월 16일은 우리나라 역사상 가장 큰 슬픔을 가져다준 시간 중 하나였다. 오전에 수학여행을 떠난 학생들을 태운 배가 침몰했다는 뉴스가 있었지만 큰 인명 피해는 없다는 초기 뉴스에 '잘 대처했구나.' 하며 안심했었다. 오후가 되자 상황이 급격히 바뀐 것을 알았다. 실종된 자식의 소식을 기다리며 참담한 심정으로 망연히 바다를 바라보고 있을 실종자 가족들을 생각하니 가슴이 먹먹해 왔다. 애타는 심정으로 한 줄기 희망을 품고 소식을 기다리고 있을 그들을 돕기 위해 봉사단은 당일 밤 팽목항으로 출발했다. 도중에 차 안에서 전화로 팽목항 인근 할인 매장에 필요한 물품을 주문했다.

4월 17일 새벽 2시에 1진이 도착했다. 팽목항은 이미 뭐라 표현할 수 없는 슬픔으로 가득 차 있었다. 미리 주문한 물품이 도착하고 2진, 3진이 새벽 4시경 도착해 본격적으로 구호 활동을 시작했다. 당시 현장에는 목을 축일 만한 물조차 없는 상황이었다. 구호 캠프를 설치하고 사고 이후로 아무것도 먹지 못하고 기진맥진해 있는 실종자 가족들을 위로하며 섬겼다. 바다를 바라보며 자식이 돌아오기를 기다리는 가족들의 슬픔과 아픔을 무엇으로도 위로할 수 없을 것 같았다. 구호 캠프는 배가 들어오고 나가는 상황을 가장 빨리 알 수 있는 접안 시설 바로 옆에 설치되었다. 밤새 현장을 지키고 있는데 어디선가 소동이 일어난 모양이다. 사람들이 소리쳤다. 한 실종자 아버지가 바다에 뛰어든 것이다. 아이가 있는 배까지 헤엄쳐 가겠다며 뛰어들었다고 한다. 그럴 수밖에 없는 아버지의 마음을 생각하니 가슴이 저렸다.

날이 밝자 진도 지역의 교회 목사님들이 우리 팀을 방문했다. 지역 교회가 힘을 합쳐 이재민들을 돕고 섬기기로 했다. 하루 머무는 동안 이미 각 지역의 목사님들이 현장을 방문해 실종자 가족들의 손을 잡아 주고 있었다. 오랜만에 안산에서 목회하는 목사님을 만났다. 그 목사님도

어두운 팽목항은 이미 뭐라 표현할 수 없는
슬픔으로 가득 차 있었다.

성도 중 한 명의 가족이 실종되어 함께 머물기 위해 내려왔다고 했다. 할 수 있는 말은 없었지만 많은 목회자가 자녀의 귀환을 기다리는 가족들과 그 시간을 함께하고 있었다. 늘 구호품을 가지고 출동하지만 그것만이 힘이 되고 위로가 되는 것은 아님을 깨닫는 시간이었다.

실의에 빠진 가족들에게 차와 빵과 다과를 전달하고 매 끼니 때 얼큰한 국과 김이 모락모락 나는 따뜻한 밥을 제공했다. 우리 팀의 구호 소식을 듣고 교회갱신협의회와 한국 교회가 동참해 지원 물품과 후원금을 진도교회연합회에 전달했다. 진도교회연합회와 밤을 지새우며 섬겼다. 절망에 빠져 있는 가족들에게 오로지 그리스도의 위로와 사랑이 전달되길 바랐다. 진한 국물이 우러나는 육개장에 우리의 마음을, 흰쌀밥에 진도교회연합회의 사랑을 담았다. 목포에 있는 여러 교회에서 보내온 먹거리와 해남과 대전에서 직배송한 음식들은 눈물로 얼룩진 가족들에게 작은 사랑의 매개체였다.

캠프만 설치해 놓았을 뿐인데 현장에 있는 가족들을 최대한 잘 섬겨 달라고 여러 교회에서 물품을 보냈다. 팽목항에만 있던 캠프를 실종자 가족들이 모여 있는 진도체육관에 하나 더 설치했다. 팽목항 캠프는 10월 11일까지 계속되었다. 6개월에서 며칠 부족한 시간을 한국 교회의 일원인 누군가가 자리를 지켜 가며 매일같이 그분들을 섬기기 위해 부지런히 움직였다. 캠프를 책임졌던 진도교회연합회 회장이었던 문명수 목사님은 과로로 천국으로 이사했다. 봉사를 마치고 집으로 돌아가다 교통사고로 입원한 목사님도 있었다. 이런 상황 속에서도, 하나님이 어려움에 처한 이웃을 섬기라고 하셔서 당연히 할 일을 했을 뿐이라고 한결같이 고백하는 많은 교회를 보면서, 한국 교회에 예수님의 십자가 사랑이 넘쳐흐르고 있음을 알 수 있었다.

늘 구호품을 가지고 출동하지만
그것만이 힘이 되고 위로가 되는 것은 아니었다.

그래도
우리는
떠납니다

4
검은빛으로 물든 바다,
충남 태안

44일간의 수고와 섬김

2007년 12월 7일, 유조선과 바지선의 충돌로 유출된 기름에 태안 바닷가가 순식간에 검은빛으로 변했다. 우리나라에서 가장 오랜 시간 재난을 회복하기 위해 수고한 사건이었다. 우리는 12월 10일 현장에 도착했다. 구호 캠프를 설치한 후 이곳을 거쳐 간 봉사자들은 셀 수 없을 정도다. 그중 교회에서 단체로 온 경우는 보다 의미가 있었고, 하나님의 사람들이 힘을 모아 섬기는 모습이 아름다웠다. 구호 캠프를 2008년 1월 22일에 철수했으니 44일 동안 현장에서 여러 봉사자와 더불어 울고 웃은 셈이다. 44일 동안 한국 교회가 하나 되어 어려움을 극복한 모습은 "한국 교회는 사랑입니다."라는 표어의 현실화였다. 매일 기름을 닦아 내는 일이 반복되었다. 그리고 매일 다른 사람들이 현장을 채웠다. 현장에서 거의 매일 이 일을 섬긴 조 목사님의 글을 함께 나누고 싶다.

만리포에서 태어나 만리포에서 살았다는 43세 전상수 씨는 넋을 잃은 모습으로 "백사장 하나만 믿고 살았는데 끝났어요. 끝났어요."를 되뇌었습니다. 전 씨를 비롯한 이 지역 분들은 삶의 터전 자체를 잃었습니다. 그의 어깨를 두 손으로 잡고 힘을 내라고 했습니다.
유조선과 바지선의 충돌로 기름 유출 사고가 난 것은 2007년 12월 7일입니다. 우리 구호팀은 10일 현장에 도착했습니다. 사고가 난 지 며칠이 지났지만 여전히 해변은 질퍽한 검은 원유로 덮여 있었습니다. 냄새도 심했습니다. 해변은 기름 제거 작업용 도구와 쓰레기들로 어수선했습니다. 우리 팀은 만리포해수욕장 바로 근처에 있는 슈퍼마켓 앞에 구호 캠프를 쳤습니다. 우선 먹을 것을 좀 구해 섬기면서 우리가 할 수 있는 일

들을 찾아보려고 합니다. 구호하는 데 필요한 물건을 그 슈퍼에서 구입하기로 했습니다. 재난 구호를 하면서 주변 상점에 피해를 주지 않을 수 있는 지혜를 하나님이 주셨습니다. 늘 느끼지만 재난당했을 때는 혼자 있게 하면 안 됩니다. 누군가 곁에 있어 주어야 합니다. 한국 교회는 재난당한 이들 곁에 늘 함께 있습니다.

구호 둘째 날. 아직 어둠이 걷히지 않은 시각에 일찍 눈을 떴습니다. 컵라면과 커피 물을 끓이는 일부터 시작했습니다. 어제 미리 주문해 놓은 물자들이 속속 도착했습니다. 수많은 자원봉사자가 몰려왔습니다. "아, 대한민국~!" 노랫말이 생각났습니다. 전국에서 몰려온 자원봉사자들을 보니 눈물이 핑 돌았습니다. 역시 우리는 대한민국 국민입니다.

이런 재난을 처음 겪는 사람들이 대부분입니다. 해경 관계자도, 자원봉사를 온 분들도, 관공서 담당자들도, 우리도 처음입니다. 오늘 아침에는 우리 팀이 자원봉사자들을 안내해 방제 작업을 하도록 하는 일을 섬겼습니다. 수많은 사람이 우리 몇 사람의 통제를 기쁨으로 따라 주는 것이 신기하기도 하고 고맙기도 했습니다.

양동이가 방제 작업의 주된 도구입니다. 양계장을 한 경험이 있다는 분이 우리 캠프로 와서 외발 수레가 있으면 아주 효율적일 것이라고 알려주었습니다. 철물점에 있던 외발 수레 10대를 다 사 왔습니다. 방제 현장에 투입해 보니 매우 좋았습니다. 13대를 추가로 더 사고, 바로 50대를 추가 주문했습니다. 모두 73대를 구입했습니다.

오후부터 포클레인도 1대 투입했습니다. 해변으로 내려간 포클레인이 사람이 할 수 없는 큰일을 해내고 있습니다. 우리 팀이 포클레인을 이리저리 필요한 곳으로 안내하며 방제 작업을 했습니다. 내일도 아침부터 이 포클레인은 계속 작업을 합니다.

만리포에서 차로 10분 정도 떨어진 의항에 구호 캠프 하나를 더 설치했습니다. 그쪽 캠프는 의항교회를 담임하는 이광희 목사님이 섬기고 있습니다. 물자는 만리포에 있는 본부에서 지원하고 있습니다. 그 지역에 있는 분들에게도 한국 교회의 사랑이 흘러가고 있습니다.

구호 셋째 날. 눈을 뜨니 새벽 3시. 잠을 더 자야겠다고 눈을 붙이지만 정신은 더욱 선명해집니다.

'어떻게 해야 가장 효율적인 방제 작업이 될까?'

감사하게도 현장에 참 많은 자원봉사자가 옵니다. 이 자원봉사자들이 가장 효율적으로 방제 작업을 할 수 있도록 하는 길을 찾아보았습니다. 아무래도 장비를 이용해야 할 것 같습니다.

이런 생각을 했습니다. 물이 빠진 바닷가 저 안쪽에 기름을 담을 수 있는 큰 고무통을 가져다 놓고 자원봉사자들이 그 통에 양동이로 퍼 담게 하는 겁니다. 그 통이 차면 포클레인이 가서 들어 오는 방식으로 하

매일 기름을 닦아 내는 일이 반복되었다.
그리고 매일 다른 사람들이 현장을 채웠다.

면 효율성이 훨씬 뛰어날 것 같습니다. 이렇게 하려면 큰 고무통이 많이 필요합니다. 본부에 보니 그것이 있었습니다. 이 큰 통에 구멍 4개를 뚫어 튼튼한 로프로 포클레인이 들 수 있도록 줄을 매는 것을 생각해 봤습니다. 이렇게 하려면 로프가 들어갈 크기의 구멍을 뚫을 수 있는 드릴과 로프가 필요합니다. 바닷가에 있는 통에도 구멍을 뚫어야 하므로 전기 연결선도 긴 것이 필요합니다. 아무래도 아침 일찍 태안에 있는 철물점에 나가 필요한 도구들을 구입해 가지고 와야 할 것 같습니다. 포클레인도 몇 대 더 빌려야 할 것 같습니다. 통에 뚫은 구멍이 포클레인이 들었을 때 무게를 감당할 수 있느냐의 문제가 남습니다. 그것은 해봐야 알 것 같습니다.

길가에는 기름 제거용 대형 트럭이 와 있습니다. 큰 고무통에 수거한 기름을 그곳까지만 가지고 오면 이 차가 큰 호스로 빨아들입니다. 오늘 아침에는 우리 팀이 작전 회의를 해야 할 것 같습니다. 하나님이 지혜를 주시길 기도해 주세요.

구호 넷째 날. 오늘은 바람도 세게 불고 파도도 높았습니다. 하룻밤 지나면 또 모래사장은 아스팔트를 깔아 놓은 것처럼 까맣게 덮입니다. 오늘 아침도 예외는 아니었습니다. 오늘도 우리 팀은 추운 날씨에도 힘을 다해 섬겼습니다.

통에 구멍을 뚫어 로프를 매는 작업은 오늘도 계속되었습니다. 오후에는 지휘 본부에서 만리포 해안 전체에 널려 있는 통에 구멍을 뚫어 로프를 달아 달라는 요청을 했습니다. 오늘이 만조이기 때문에 해안가에 있던 수거한 기름을 담아 놓은 통들을 다 들어 올려야 합니다. 100m 전기 연결선을 가지고 우리 팀이 해변을 돌면서 이 작업을 했습니다. 물이 들어오는 시간이 점점 당겨지고 있습니다. 그만큼 방제 작업을 할 수 있는 시간이 줄어들고 있습니다. 자원봉사자들은 그 시간만큼을 빠른 손놀림으로 채우고 있습니다. 내일도 평소와 같이 7시부터 구호 작업은 계속됩니다. 사랑합니다.

2012년 태안군으로부터 한 통의 편지를 받았다. "절망에서 희망으로"라고 명명된 프로젝트를 소개하는 편지였다. 기름이 가득했던 그 바닷가에 살아있는 자연을 느낄 수 있는 둘레길을 만든다는 것이었다. 그리고 그중 한 구간을 "한국기독교연합봉사단길"로 이름 지었다는 내용이었다. 정부를 통해 전해진 사업이었지만 하나님이 사랑이시라는 사실이 잘 드러난 결과라는 생각에 마음이 놓였다.

우리가 기름이 가득했던
바닷가에서 본 것은
절망보다 희망에 가까웠다.

그래도
우리는
떠납니다

5
우리 등짐을 지고 갑시다,
강원도 인제

하추리의 기다림

2006년 7월 16일. 인제 지역에 집중 호우가 내리면서 사망자 29명이 발생하고 많은 곳의 도로가 끊겼다. 우리 팀은 비가 내리기 시작한 7월 15일부터 뉴스로 상황을 지켜보다가 17일 저녁 구호품을 싣고 현장으로 출동했다.

국내는 해외보다 훨씬 더 많은 봉사자가 참여할 수 있다. 시간이 가능한 청년들과 집사님들 10여 명이 함께 출발했다. 현장은 생각보다 심각했고, 도로가 끊겨서 고립된 주민들에게 접근하기가 쉽지 않았다. 특별히 인제군 하추리로 들어가는 도로는 완전히 유실돼 주민들이 오도 가도 못하는 상태였다. 재난 현장에 오면 늘 작아지는 우리의 모습을 본다. 대비한다고 하지만 사실 우리가 할 수 있는 일이 많지 않다.

현장에서 하추리 주민들의 이야기를 듣고 서울에서 긴급하게 준비해 간 구호품을 실은 채 마을 앞에 도착했지만 도로가 끊겨 차가 더는 들어갈 수 없었다. 입구에서 고민했다. 트럭 2대에 싣고 간 긴급 구호품을 그냥 가지고 돌아갈 수는 없었다. 그때 조현삼 목사님이 외쳤다.

"우리 등짐을 지고 갑시다!"

긴급 구호품은 품목에 따라 다르지만 보통 20kg 내외의 무게다. 그것을 지고 가자는 단장님의 결정에 아무도 이의를 제기하지 않았다. 평소 차로는 불과 몇 분이면 갈 거리를 40여 분 동안 등짐을 지고 오르막길을 걸어갔다. 하추리에 있는 초등학교에 구호품을 옮겨 놓고 여기저기 흩어져 있는 이재민들에게 나누었다. 대부분 태어나서 처음 등짐을 지는 것이었다. 하지만 그들의 얼굴은 해같이 빛났다. 태어나서 최고의 경험을 했다는 고백을 들으며 하나님이 어려움 당한 이웃을 돕는 일을 얼마나 기뻐하시는지 알 수 있었다.

한 사람당 최소 두 번 등짐을 지고 현장을 왕복했다. 그렇게 만난 하추리 이재민들이 처음 우리를 보고 한 말이 "혹시 쌀 있습니까?"였다. 보통 국내 긴급 구호품에는 쌀이 없다. 재난 후 며칠 만에 쌀로 밥을 해 먹을 수 있는 여건이 마련되기가 어렵기 때문이다. 마음은 쌀을 지고 올라가고 싶었지만 이미 많은 힘을 쓰고 지친 봉사 대원들의 표정에서 '이건 할 수 없겠구나.' 싶은 생각이 들어 그것까지는 하지 못했다.

등짐을 지고 하추리에 고립된 이재민을 찾아가는 과정은 보통 일이 아니었다. 하지만 이곳에서 70년 이상을 사셨다는 한 어르신이 평생 이런 물난리

는 처음이라고 이야기하시는 상황을 보며, 현장에서의 이 수고가 모두에게 큰 의미로 다가왔다. 당시 하추리 이재민들이 해준 말들이 오랫동안 기억에 남는다.

"그저 우리는 구호만 기다리고 있습니다."

"고마워서 잊지 못할 것 같습니다."

"교회가 와 주었네요."

길이 막히니 등짐을 통해서라도 어려운 이웃을 돕고 싶어 하시는 하나님의 마음을 경험했다. 하나님은 그들을 도울 방법을 구할 때 우리의 몸을 직접 사용해서라도 그 사랑을 전할 수 있게 하신다. 역시 우리는 그냥 몸만 내어 드리면 된다. 일을 이루시는 분은 하나님이시다.

6

압록강 철교를 건너며,
북한 룡천

콩을 끓이면 두유가 된다

2004년 4월 북한 룡천에서 열차 폭파 사고가 발생했다. 4월 26일, 우리 팀 중 나와 다른 1명이 먼저 중국 단둥으로 출발했다. 효과적인 구호 활동을 위한 방안을 찾기 위해서였다. 그 먼 이란과 이라크에도 달려갔는데 지척인 북한에서 이렇게 큰 사고가 났음에도 그저 마음 아파하며 기도하는 것 외에 별다른 방법이 없다는 사실이 안타까웠다.

하루 사이에 중국 비자를 받고 북한 주민 접촉 승인을 받았다. 하나님의 선한 손이 하신 일이라고 생각했다. 접촉 승인을 받자마자 지인을 통해 북측 대표부에 연락을 취했다. 인천공항을 출발하기 전, 북한 당국에서 한국 교회의 사랑을 받아들이겠다는 전화를 받았다. 단둥에 도착하고 조선민족경제협력연합회(민경련) 단둥 대표부 사무실에서 전성근 대표를 만나 1시간 남짓 이야기를 나누었다.

우리는 재난 현장을 방문할 때마다 그곳의 필요를 먼저 파악한다. 우리가 원하는 것을 지원하는 것이 아니라 그들에게 요긴한 것을 내어 주기를 바란다. 이번 구호도 마찬가지였다. 우리는 현지의 필요에 따라 구호품을 사러 나갔다.

북한 대표부에서 구호품을 구입할 때 어려움이 있으면 도움을 요청하라고 현지 중국 사업가인 배 사장님을 소개해 줬다. 배 사장님은 마음이 따뜻한 분이었다. 곤경에 처한 북한 사람들을 위하는 마음에 우리를 헌신적으로 도왔다. 배 사장님의 인맥과 수고로 룡천의 어린이부터 어른에 이르기까지, 그들의 영양 보급에 꼭 필요한 콩 15톤을 긴급하게 구매할 수 있었다. 이 콩은 끓이면 두유가 된다. 부상자들이나 이재민들에게 영양식이 될 수 있을 듯싶었다. 마음 같아서는 쌀을 트럭 10대에 실어 보내고 싶었다. 그러나 쌀은 중국에서 반출 금지 품목이기 때문에 안타깝지만 포기해야 했다.

하나님은 우리가 임시 구호 캠프로 사용할 수 있는 창

영양 보급에 필요한 콩을 구했다.
마음 같아서는 쌀을 보내고 싶었지만
반출 금지 품목이라 포기해야 했다.

고를 준비해 주셨다. 우리는 구호품을 사는 대로 창고에 모아 룡천으로 보냈다. 50kg 콩 300가마, 성인용 의류 2,000장, 아동용 속옷 1,000장, 양말 4,000켤레, 신발 2,400켤레, 의료 기구 소독용 가스레인지 54대, 부탄가스 504통을 트럭 하나에 실어 룡천으로 보냈다.

다음 날에는 5% 포도당 2만 병과 수액 주사 세트 2만 개를 보냈다. 추가로 콩 20톤, 콩기름 1.4톤, 아동용 겨울 내의 2,000벌, 긴급 복구용 전선 2만 미터, 의료용 소독 용기 50개를 트럭 3대에 실어 보냈다. 한국 교회의 사랑이었다.

청소원인 줄 알았어요

단둥에서도 우리 팀은 인원을 나눠 움직였다. 구호품을 구하는 팀과 본부 캠프에서 북한으로 구호품을 넘기는 일정을 맞추는 팀으로. 나는 여전히 구호품을 구하는 일을 맡았다. 타고 다닐 차가 없어 택시로 이동했다. 택시를 잡기 위해 거리로 나갔다. 구체적인 계획이 서면 늘 발걸음과 마음이 동시에 급해진다. 한시라도 빨리 이재민들에게 필요한 물품이 전달되어야 하기 때문이다.

그런데 택시가 안 잡혔다. 손을 흔들어도, 기사와 눈이 마주쳐도 서지 않고 그냥 가 버렸다. 그렇게 30분이 지났다. 마음은 급한데 택시가 서지 않으니 짜증이 올라왔다. 손을 흔드는 제스처와 표정이 격렬해졌다. 간신히 택시가 잡혔다. 택시를 타고 아무 잘못도 없는 기사에게 퉁명스레 한마디 했다.

"搭出租车太难了."(택시 잡기가 너무 힘들었습니다)

택시 기사는 나를 힐끗 쳐다보더니 "아마도 청소원인 줄 알고 서지 않았을 거예요. 중국에서 청소원이 택시를 타는 경우는 없으니까요."라고 말하며 웃었다. 본인도 '왜 저렇게 손을 격렬하게 흔들지?'라고 생각하며 이상해서 차를 세웠는데 내가 탔다는 것이다. 이건 무슨 이야기지?

순간 깨달았다. '아!' 내가 입은 봉사단 조끼 때문이었다. 그러고 보니 청소하는 분들의 옷이 우리 옷과 똑같았다. 어디를 가나 눈에 잘 띄라고 노란색으로 만든 것인데, 청소원들이 입는 유니폼도 우리가 입은 것과 같은 바로 그 노란색이었다. 앞으로 중국에 올 때는 우리 조끼 색깔을 바꿔서 와야 하나 싶었다.

단둥에 도착했던 첫날에 우리 팀의 마음은 복잡했다. 룡천의 상황을 들으면서 가슴이 참 많이 아팠다. 저만치 눈에 보이는 북녘땅을 헤엄을 쳐서라도, 날개를 달아서라도 찾아가 돕고 싶은 생각이 가득이었다. 그런 가운데 구호품을 보냈다. 들어갈 수 없을 것 같던 구호품이 북한으로 들어갔다. 하나님의 살아계심을, 하나님의 사랑을 또 한 번 경험한다.

다음 여행을 준비하며

한국기독교연합봉사단 창고에는 언제든 떠날 수 있는 여행 필수품들이 보관되어 있다. 해외 구호를 떠날 때 필요한 텐트, 침낭, 안전모, 안전화, 공구 등과 국내 구호를 떠날 때 필요한 50인용 솥, 가스버너, 천막, 컵라면, 고무장갑, 토스터 등이 있다. 여권은 사무실에 보관한다. 몇 번의 경험을 통해 언제든 출발할 수 있도록 준비했다. 아무 말 없이 급히 떠나 아내가 당황한 적도 있다. 내가 재난 현장에서 쓴 글을 보고 남편이 지방에 있음을 알게 된 경우였다.

재난 구호를 위한 여정은 매 순간 특별했다. 정서적으로나 체력적으로 힘든 때도 많았지만 모든 사람이 꿈꾸는 여행이라고 생각한다. 그 여행을 할 수 있었던 것은 하나님이 내게 허락해 주신 놀라운 특권이었다. 이 여행의 주인은 하나님이시다. 나는 그 여행에 동행할 뿐이다.

내가 이 여행을 시작한 시기는 1998년 8월이었다. 당시 나는 다니던 회사를 그만두고 목회자의 길로 가기 위해 신학대학원 입학을 준비하고 있었다. 그리고 의정부 재난 현장에서 봉사하는 동안 조 목사님이 한국기독교연합봉사단의 간사를 하면 어떻겠냐고 제안했고 의미 있는 일인 것 같아 수락했다.

나는 그날 봉사단 간사가 되고 이렇게 오랫동안 여러 현장을 여행하게 되리라고는 상상도 못했다.

조 목사님은 재난 현장에 최적화된 사람이다. 그 어려운 상황을 힘들고 고통스러운 것으로 받아들이지 않고 '하나님이 내게 주신 최고의 장소'라고 생각하는 분이다. 무엇보다 어려움에 처한 사람들과 함께 있기를 좋아한다. 그 자리가 본인의 자리라 생각한다. 나는 도저히 앉지 못할 것 같은 장소에 털썩 앉고, 못 만질 것 같은 상처도 아무렇지 않게 만진다. 그는 아파하는 이들의 심정을 잘 헤아린다. 그래서 세월호 사건으로 팽목항 현장에서 섬기는 동안 금식하며 자리를 지키기도 했다.

'아, 이건 안 되겠구나.' 하는 상황이 생각보다 훨씬 많은데 그럴 때도 조 목사님이 "이렇게 한번 해볼까?" 하면 그 일이 된다. 조 목사님에게는 '하나님이 위로가 필요한 사람들에게 우리 팀을 보내셨으니 길이 있을 것이다.'라는 믿음이 있다. 그래서 현장에서 하는 결정을 보면 감탄이 절로 나온다. 이 결정이 조금만 잘못되면 생명이 위험할 수도 있다. 딱 집어 표현하기는 어렵지만 현장에서 함께해야만 알 수 있는 그 무엇이 있다.

여행은 어디를 가는지도 중요하지만 누구와 함께 가는지가 더 중요하다는 이야기를 종종 듣는다. 이 여행을 지금도 기쁘게 계속할 수 있는 것은 가장 초기부터 함께한 조 목사님을 포함해 긴급 구호팀의 일원으로 언제든 동행할 준비를 하고 있는 서울광염교회 성도님들과 목회자들이 있기 때문이다.

이 글을 제일 잘 쓸 분은 단장인 조 목사님이다. 조 목사님은 이 땅의 어려운 사람을 보면 몸이 먼저 움직이는 분이다. 게다가 글도 잘 쓴다. 그런데 이 책을 나를 통해 쓰게 하시는 하나님의 뜻이 궁금하다. 막상 글을 쓰는 데 시간이 오래 걸리지 않은 느낌이지만, 지난 20년 동안 하나님을 믿고 의지하여 재난 현장을 누비고 그때마다 하나님이 주셨던 감동, 슬픔, 기쁨 등의 마음을 다 쏟아낼 수 있었다. 무엇보다 하나님은 재난 현장에서도 여전히 우리와 함께하셨고 아픈 사람들을 기억하고 돕는 분이셨다.

가족과 교회가 있어 이 책이 세상에 나올 수 있게 되었음을 고백한다. 지난 22년간 한결같이 재난 현장을 같이 섬겨 온 조 목사님이 있었고, 서울광염교회 성도님들의 변함없는 응원이 있었다. 위험한 현장에 나갈 때 내심 두려웠겠지만 불안한 기색을 감추며 하나님이 마음껏 쓰시라고 기도로 보내준 아내와 가족이 있어 가능하기도 했다. 많은 분에게 하나님의 살아 계심이 경험되는 책이 되기를 바라며 이 여행을 계속한다.

저자 이석진

한국기독교연합봉사단의
발자취

    한국기독교연합봉사단은 1995년 삼풍백화점 붕괴 현장에서 조직되었다. 갑작스러운 재난을 당한 이웃을 돕기 위해 봉사를 나왔던 서울광염교회 조현삼 목사와 기독교윤리실천운동본부 유해신 사무처장이 현장에서 만든 단체다. 서울교육대학 강당 앞에서 천막을 치고 두 달이 넘도록 어려움에 처한 우리의 이웃들에게 한국 교회의 사랑을 전달했다. 그리고 삼풍백화점 붕괴 사고가 마무리되면서 봉사단의 활동도 함께 마무리되었다.

    그 후 1998년 경기 북부 지역에 수해가 발생했을 때 서울광염교회가 봉사단 이름으로 현장에 나가 이재민들을 섬기면서 봉사단은 다시 활동을 시작했고, 주로 긴급 재난이 발생한 현장에 출동해 예수님의 사랑으로 이재민들을 섬겨 왔다. 수해, 가뭄, 산불 등이 발생한 지역, 그리고 해외에서 큰 재난이 일어난 곳을 찾아가 봉사를 해 왔다.

봉사단 조직은 단순하다. 단장은 서울광염교회를 담임하는 조현삼 목사가, 사무국장은 이석진 목사가 맡고 있다. 재난 현장에 긴급하게 출동해야 하는 봉사단의 특성 탓에 구성이 단출하다. 재난이 발생하면 최대한 빨리 현장에 출동해서 봉사 캠프를 설치하고 긴급 재난 구호 활동에 들어간다. 초기에는 주로 서울광염교회 성도들과 재정이 투입되지만 이내 한국 교회가 재난당한 이웃을 찾아 달려온다. 봉사단은 한국 교회의 사랑을 재난당한 이웃에게 전달하는 채널 역할을 성실하게 수행해 오고 있다.

주로 재난이 발생했을 때 활동하는 특성 때문에 평소에는 휴면 상태를 유지한다. 이런 특성상 사무실은 따로 두지 않고 단장 조현삼 목사가 시무하는 서울광염교회 사무실을 함께 사용하고 있다. 상근 유급 직원은 한 사람도 없다. 단장을 비롯한 모든 봉사자가 자원봉사로 일한다. 봉사단 사무실 유지나 단체 유지를 위해 지출되는 비용은 봉사단 전화 요금밖에 없다. 한국 교회와 성도들이 후원하는 후원금은 국내외 재난당한 이웃들에게 전액 쓰인다.

1995.06	삼풍백화점 붕괴 긴급 구호 활동
1998.08	의정부 집중 호우 수해 긴급 구호 활동
2001.06	연천 가뭄 물 지원 구호 활동
2002.08	태풍 루사로 인한 수재민 구호 활동
2003.04	이라크 종전 긴급 재난 구호 활동
2003.09	태풍 매미로 인한 수재민 구호 활동
2003.12	이란 밤 지진 피해 구호 활동
2004.03-05.04	영동 지역 산불 피해 구호 활동
2004.04	북한 룡천 폭발 사고 긴급 구호 활동
2004.12	필리핀 태풍 피해 구호 활동

2005.01	아시아 쓰나미 피해 구호 활동
2005.09	미국 허리케인 카트리나 피해 구호 활동
2005.10	파키스탄 지진 긴급 구호 활동
2005-2007	쓰나미 피해 복구를 위한 스리랑카 트링코말리 지역 '희망의 집' 29채 준공
2006.02	필리핀 산사태 긴급 구호 활동
2006.05	인도네시아 지진 긴급 구호 활동
2006.07	강원도 인제 집중 호우 긴급 구호 활동
2006.12	필리핀 두리안 태풍 긴급 구호 활동

2007.02	아프리카 케냐, 에티오피아 긴급 구호 활동
2007.08	북한 수해 긴급 구호 활동
2007.09	제주 수해 긴급 구호 활동
2007.11	방글라데시 사이클론 긴급 구호 활동
2007.12-08.01	태안 만리포 기름 유출 피해 복구 활동
2008.05	미얀마 사이클론 긴급 구호 활동
2008.05	중국 쓰촨성 지진 긴급 구호 활동
2008.12	기쁜 성탄 행복한 장보기(어려운 이웃 초대해서 장보기)

2009.02	태백 가뭄 물 보내기
2009.08	대만 태풍 모라꼿 긴급 구호 활동
2009.09	필리핀 태풍 켓사나 긴급 구호 활동
2009.10	인도네시아 파당 지역 지진 긴급 구호 활동
2009.11	부탄 지진 긴급 구호 활동
2010.01	니제르 가뭄 긴급 구호 활동
2010.01	아이티 지진 긴급 구호 활동
2010.03	칠레 지진 긴급 구호 활동

2011.03	일본 강진 긴급 구호 활동
2011.07	동두천 집중 호우 긴급 구호 활동
2011.11	태국 수해 긴급 구호 활동
2012.09	태풍 볼라벤과 덴빈 피해(전남 가거도) 긴급 구호 활동
2013.11	필리핀 태풍 하이옌 긴급 구호 활동
2014.04	세월호 침몰 긴급 구호 활동
2015.04	네팔 지진 긴급 구호 활동
2016.03	시리아 난민 구호 활동
2016.10	태풍 차바 울산 긴급 구호 활동
2016.10	허리케인 매슈 아이티 피해 긴급 구호 활동

2017.08	아프리카 시에라리온 홍수 긴급 구호 활동
2017.11	포항 지진 긴급 구호 활동
2018.07	라오스 댐 붕괴 긴급 구호 활동
2018.10	인도네시아 팔루 지역 지진 긴급 구호 활동
2019.04	속초 · 고성 산불 긴급 구호 활동
2019.04	아프리카 말라위 사이클론 긴급 구호 활동
2020.03	코로나19 관련 긴급 구호 활동
2020.08	국내 수해 이재민 긴급 구호 활동

사명선언문

너희가 흠이 없고 순전하여……세상에서 그들 가운데 빛들로
나타내며 생명의 말씀을 밝혀 _ 빌 2:15-16

1. 생명을 담겠습니다
만드는 책에 주님 주신 생명을 담겠습니다.
그 책으로 복음을 선포하겠습니다.

2. 말씀을 밝히겠습니다
생명의 근본은 말씀입니다.
말씀을 밝혀 성도와 교회의 성장을 돕겠습니다.

3. 빛이 되겠습니다
시대와 영혼의 어두움을 밝혀 주님 앞으로 이끄는
빛이 되는 책을 만들겠습니다.

4. 순전히 행하겠습니다
책을 만들고 전하는 일과 경영하는 일에 부끄러움이 없는
정직함으로 행하겠습니다.

5. 끝까지 전파하겠습니다
모든 사람에게, 땅 끝까지, 주님 오시는 그날까지
복음을 전하는 사명을 다하겠습니다.

서점 안내

광화문점	서울시 종로구 새문안로 69 구세군회관 1층 02)737-2288 / 02)737-4623(F)
강남점	서울시 서초구 신반포로 177 반포쇼핑타운 3동 2층 02)595-1211 / 02)595-3549(F)
구로점	서울시 동작구 시흥대로 602, 3층 302호 02)858-8744 / 02)838-0653(F)
노원점	서울시 노원구 동일로 1366 삼봉빌딩 지하 1층 02)938-7979 / 02)3391-6169(F)
분당점	경기도 성남시 분당구 황새울로 315 대현빌딩 3층 031)707-5566 / 031)707-4999(F)
일산점	경기도 고양시 일산서구 중앙로 1391 레이크타운 지하 1층 031)916-8787 / 031)916-8788(F)
의정부점	경기도 의정부시 청사로47번길 12 성산타워 3층 031)845-0600 / 031)852-6930(F)
인터넷서점	www.lifebook.co.kr